Arthur le Moyne
de la Borderie

Les véritables

prophéties

de

Merlin

I. PRÉAMBULE

Merlin fut jadis, au VIe siècle, le grand barde et le grand prophète de la race bretonne. Au milieu des désastres et des massacres de l'invasion saxonne dans la Grande-Bretagne, il soutint puissamment l'énergique résistance, le patriotique espoir des Bretons, en prophétisant intrépidement, contre toute apparence, leur triomphe complet, définitif.

Quelques siècles plus tard, Merlin le prophète breton a été connu, célébré dans toute l'Europe, comme l'incarnation de la science et de l'esprit divinatoire des races celtiques, tandis que le roi breton Arthur était partout exalté comme l'incarnation suprême de toute vaillance, de toute puissance et de toute grandeur.

Aujourd'hui encore, en sens inverse, ils ont même fortune. Pensant que l'historien a peine à ressaisir quelque trace certaine de l'existence du grand roi, les critiques semblent désespérer de retrouver quelque œuvre, quelque fragment authentique du prophète-barde. Aneurin, Taliésin, Lywarch, bardes aussi et contemporains de Merlin, mais dont le nom ne sortit jamais de l'île de Bretagne, nous ont transmis des morceaux de poésie dont les critiques les plus difficiles ne contestent point l'authenticité. On discute, on discutera sur le sens de ce poème vraiment étonnant appelé *Gododin*, on n'en dispute point la paternité à Aneurin. Taliésin, après les plus sévères révisions des soixante-dix-sept pièces à lui attribuées, en garde encore une douzaine, et Lywarch autant ou à peu près, Merlin est moins heureux. Dans le volume si intéressant publié par M. de la Villemarqué sous le titre : *Poèmes des bardes bretons du VIe siècle*, Merlin ne figure même pas.

Il ne manque point cependant de pièces curieuses, célèbres, et d'un tour original, mises sous son nom. Lisez plutôt :

« Vortigern, roi des Bretons, étant assis au bord du lac desséché, deux dragons en sortirent l'un blanc, l'autre rouge, qui s'étant joints se livrèrent un si furieux combat que leur haleine enflammait l'air. Le dragon blanc, ayant l'avantage, rejeta le rouge jusqu'à l'extrémité du lac. Honteux de se voir ainsi chassé, celui-ci sauta sur l'autre et le força à son tour de reculer. Cette lutte continuant, le roi ordonna à Merlin de lui dire ce qu'elle présageait. Merlin alors, fondant en larmes, appela l'esprit prophétique et dit :

« Malheur au dragon rouge, car sa ruine approche ! Déjà sa caverne est envahie par le dragon blanc, qui représente les Saxons appelés par toi, ô roi, dans notre pays! Le dragon rouge, au contraire, c'est la nation bretonne, qui se verra accablée par le dragon blanc. Ses montagnes et ses vallées seront nivelées, ses fleuves rouleront des flots de sang. Chez elle le culte chrétien sera détruit, on ne verra qu'églises en ruines. Cependant la nation opprimée se relèvera et repoussera la tyrannie des étrangers. Le sanglier de Cornouaille lui prêtera secours et foulera aux pieds le col de ses ennemis; les îles de l'Océan reconnaîtront son autorité, il possédera les forêts de la Gaule, le palais de Romulus craindra sa puissance, et sa mort sera douteuse. La voix unanime des peuples chantera ses louanges, ses exploits feront la fortune des conteurs[1]. »

Tel est, dans Geoffroy de Monmouth, le début de cette fameuse prophétie de Merlin, sur laquelle pendant tout le moyen âge s'acharnèrent tous les peuples de l'Europe, la tournant en cent interprétations diverses et y découvrant mille choses, auxquelles jamais ne songea la fantaisie vagabonde, je ne dis pas de Merlin, mais de l'anonyme auteur de cette pièce apocryphe. En 1351, par exemple, Bembro, le chef des trente Anglais qui se battirent contre trente Bretons au chêne de Mi-Voie, avait trouvé dans les prophéties de Merlin l'annonce de son triomphe — qui fut une défaite, — et Jean de Montfort, en 1364, à la veille de sa victoire d'Aurai, celle d'un grand péril qui le menaçait.

Par voie de commentaire ou de développement, on est allé bien plus loin encore. Nous avons sous la main un roman des Prophéties de Merlin, imprimé en gothique chez Jean Trepperel au commencement du XVIe siècle; voici, entre autres prédictions, ce que le célèbre prophète dicte à son secrétaire:

« *Des femmes qui vouldront estre dames de leurs marys.*

« Ie veulx que le sage clerc escripue que des lors en auant que la chose qui iadis nasquit ès parties de Iherusalem[2] aura mil. CC. LX. ans, ne naistra nulle femme au siècle, que quant elles seront données à leurs marys, ne vouldront estre dames en telle manière comme iadis fut vne femme nommée Teuthis. Ceste Teuthis enchanta son mary par telle manière que quand elle luy commandoit à chanter, il chantoit, et maintes choses luy faisoit faire pour mieulx se moquer de luy. En ceste manière vouldront faire celle qui depuis celuy terme naissant, car elles pourchasseront de donner telle chose à boyre à leurs marys qu'ilz facent du tout à leurs voulentez. Et quant ilz auront ce faict, elles tenseront l'vne à l'autre pour dire: Ton mary n'est pas si obéissant comme le mien[3]. »

---

[1] Galfridi Monemutensis, *Historia regum Britanniæ*, lib. VII, cap. 3.
[2] La religion chrétienne.
[3] Fol. CVIII verso.

Nous n'avons pas à nous occuper de ces prophéties apocryphes et de ces commentaires fantaisistes : M. de la Villemarqué l'a fait avec beaucoup de charme dans le volume spécial consacré, par lui à *Merlin l'enchanteur*[4]. Mais en dehors de ces produits hautement supposés, sur lesquels il n'y a ni ne peut y avoir nulle discussion, il existe des œuvres, des poésies attribuées à Merlin, d'un caractère plus ancien au moins en apparence, et qui étaient encore, il y a peu de temps, regardées par les savants comme authentiques. Elles sont écrites en langue bretonne (en ancien gallois), elles ont été publiées au commencement de ce siècle dans le recueil des monuments de la vieille littérature galloise édité par Owen Jones, de Myvyr[5], sous le titre de Myvyrian archaiology of Wales[6]. Il appartenait évidemment à M. de la Villemarqué de nous les faire connaître, d'en discuter le caractère et la valeur dans la partie de son livre intitulé : *Œuvres de Merlin*. Par une circonstance étrange, il n'y fait que des allusions beaucoup trop discrètes, il n'en cite que de brefs extraits, acceptant d'ailleurs implicitement, sans observation, l'opinion récente qui les répudie comme supposées.

Quand même cette opinion devrait être acceptée sans réserve (ce qui nous semble fort douteux), encore serait-il intéressant de connaître ces pièces, de savoir pourquoi, après les avoir longtemps admises comme authentiques, aujourd'hui on les rejette. C'est là ce que nous voudrions indiquer.

Notre but est de provoquer M. de la Villemarqué à compléter son livre sur Merlin, bien plus que de suppléer à son silence, ce qui nous est interdit pour plus d'une raison, surtout parce que nous sommes réduit à traduire les pièces bretonnes de Merlin sur les traductions anglaises.

Du moins ferons-nous connaître aux Bretons d'Armorique l'opinion actuelle des critiques gallois sur les monuments curieux qu'on peut encore appeler, croyons-nous, dans une certaine mesure, *les Véritables prophéties de Merlin*.

---

[4] Paris Didier, 1862, in-8°.
[5] C'est le nom de la vallée où il était né.
[6] En 1801. Ce titre peut se traduire : *Antiquités* (littéraires) *du pays de Galles recueillies à Myvyr*. On appelle ordinairement ce recueil le *Myvyrian*. Une 2ᵉ édition, supérieure par certains côtés à la première, en a été publiée à Denbigh en un seul volume, pet. In-4°, en 1870.

II

Le *Myvyrian* contient six pièces attribuées à Merlin :

    1°   Les Pommiers (*Afallenau*),
    2°   les Petits Pourceaux (*Porchellanau*, aussi appelée *Hoianau*),
    3°   le Dialogue de Merlin et de sa sœur Gwendyz,
    4°   le Dialogue de Merlin et d'Yscolan,
    5°   la Prédiction de Merlin dans son tombeau,
    6°   les Creusements ou Fouissements (*Gorddodau*).

Dans l'édition beaucoup meilleure des anciens poèmes gallois donnée par M. Skene (en 1863-1868) sous le titre de *The Four ancient Books of Wales*, la dernière de ces pièces ne figure pas ; en revanche, M. Skene en donne deux autres comme attribuées à Merlin : les Bouleaux, — et le Dialogue de Merlin et de Taliésin, — ce qui porte à huit le nombre des anciennes poésies bretonnes sur lesquelles le célèbre enchanteur peut élever des prétentions.

Au moment où parut le *Myvyrian*, la discussion sur l'authenticité des poésies gaëliques attribuées à Ossian était fort vive, et par une pente naturelle, les adversaires de cette authenticité — entre autres Pinkerton et Laing — se laissèrent entraîner à nier celle des poèmes bretons que le *Myvyrian* rapportait aux bardes du VIᵉ siècle, particulièrement à Lywarch Hen, Aneurin, Taliésin et Merlin. Mais ces poèmes trouvèrent un habile et énergique défenseur dans l'illustre historien des Anglo-Saxons, Sharon Turner, qui publia en 1803 une dissertation intitulée : *Vindication of the genuineness of the ancient British poems of Aneurin, Taliessin, Lywarch Hen, and Myrddin*, c'est-à-dire, *défense de l'authenticité des anciens poèmes bretons d'Aneurin, de Taliésin, de Lywarch Hen, et de Merlin*. La haute autorité de Sharon Turner fit loi, et pendant près d'un demi-siècle, son opinion fut admise sans aucune discussion.

En 1840, dans son ingénieux et savant livre, *la Littérature des Kymrys*, feu M. Thomas Stephens, examinant de nouveau la question, rouvrit le débat par ce coup de tam-tam :

—Lecteur, sois attentif à ce que je vais écrire et ouvre un œil vigilant sur les idées qui vont surgir devant toi, car l'audacieux esprit de la critique moderne est prêt à porter une main violente sur l'antique mobilier de la vénérable tradition[7].

---

[7] *The Literature of the Kymry*, chap. II, sect. 4, édit. 1876, p. 198.

On croirait après cette phrase, qu'il va tout casser : il n'en est rien. Il admet comme authentique l'Iliade bretonne (le *Gododin* d'Aneurin), toutes les poésies de Lywarch, douze poèmes historiques de Taliésin, huit autres du même comme douteux[8] ; il finit par écrire un peu plus loin qu'il est heureux de voir son examen aboutir à confirmer les conclusions de Sharon Turner en ce qui touche toutes les œuvres d'Aneurin, de Lywarch, et la partie la plus importante de celles de Taliésin[9]. Sur Merlin, quoiqu'à regret il s'en sépare, il consacre soixante-dix pages de son livre à discuter, à combattre successivement l'authenticité des divers poèmes attribués à ce barde, qu'il dépouille absolument. C'est donc Merlin qui supporte à peu près seul le poids des mauvais traitements si bruyamment annoncés en tête du chapitre contre « l'antique mobilier de la vénérable tradition. »

Cela explique assez comment M. de la Villemarqué, publiant en 1850 ses *Poèmes des bardes bretons du VIe siècle*, où il ne voulait admettre aucune pièce d'une authenticité contestée, n'y fait nulle place à Merlin. Nous comprenons moins pourquoi, des douze pièces de Taliésin admises par Th. Stephens comme authentiques, M. de la Villemarqué n'en publie que six. Mieux eût valu les donner, les traduire toutes, que d'insister dans l'introduction sur cette pseudo-histoire de Taliésin fabuleuse et ridicule, qui n'est même pas une légende traditionnelle, mais une fable apocryphe fabriquée de toutes pièces à la fin du XVIe siècle[10].

Le livre de M. Nash sur *Taliésin*, publié en 1858, va dans la voie de la critique plus loin que M. Stephens ; il aboutit à peu près à poser en principe la suspicion vis-à-vis de tous les poèmes bardiques réputés du VIe ou VIIe siècle, sauf à admettre pour quelques-uns d'entre eux certains tempéraments. Sur Merlin, il se borne à adopter l'opinion de Stephens.

En 1863, sous le titre de *Les Quatre anciens Livres du pays de Galles*, M. Skene publia pour la première fois le texte exact et complet des quatre plus anciens manuscrits contenant les poèmes bardiques qu'on rapporte aux VIe et VIIe siècles, savoir : le *Livre Noir de Caermarthen*, manuscrit du XIIe siècle ; le *Livre d'Aneurin* et le *Livre de Taliésin*, manuscrits du XIIIe ; et le *Livre Rouge d'Herghes*t, du XIVe. À cette excellente édition, devenue la base nécessaire de toute étude sur les bardes, il joignit (en 1868) une bonne traduction anglaise et une introduction fort intéressante où, à côté de données historiques en partie très contestables, il pose, d'une façon fort juste, fort judicieuse, les principes de la critique concernant les poèmes bretons attribués aux VIe et VIIe siècles.

---

[8] Il est vrai qu'on a attribué à Taliésin jusqu'à 77 pièces de vers.
[9] *Ibid.*, p. 278.
[10] Voir M. Skene, *The Four ancient Books of Wales* (1868), t. I, p. 191-193.

Il montre par de solides arguments qu'en dépit de l'orthographe relativement moderne sous laquelle ils nous sont parvenus, la présomption historique et littéraire est en faveur de leur authenticité[11]. Dans le nombre, toutefois, il y en a d'interpolés ; il y en a même de complètement apocryphes, fabriqués au XIIe ou au XIIIe siècle, qui se sont glissés là subrepticement et dont la fraude se trahit par des anachronismes. Mais pour condamner une pièce comme apocryphe, M. Skene exige avec raison des motifs précis, sérieux, bien établis. Aussi il repousse, il réfute spirituellement les exagérations, les hypothèses souvent très peu fondées de M. Nash, et même certains arguments de Th. Stephens, dont il est toutefois beaucoup moins loin que du premier.

Enfin, grâce à son heureuse idée de publier les plus anciens manuscrits au lieu de s'en tenir à l'édition du *Myvyrian*, faite sur des copies modernes souvent fautives, M. Skene a introduit dans le texte des corrections très nombreuses, parfois même des modifications et des rectifications très importantes. On va, en ce qui touche Merlin, en voir une preuve tout à l'heure.

---

[11] *The Four ancient Books of Wales*, t. I, p. 229-232.

III

La plus célèbre des pièces attribuées à Merlin est celle que les Gallois nomment *Afallenau* ou *Avallenau*, c'est-à-dire *les Pommiers*. Stephens a consacré une douzaine de pages à en faire la critique d'après le texte du *Myvyrian*. Il n'a pas de peine à y découvrir les marques d'une composition très postérieure soit au VIᵉ soit au VIIᵉ siècle.

Voici, par exemple, une strophe célèbre «Gruffyz, *de la ligne d'Iago*[12]»: comment méconnaître là Gruffyz, fils de Kynan et petit-fils d'Iago, qui régna en North-Wales (Galles du Nord) de 1075 à 1137? Et la strophe 20ᵉ, où on trouve, condensées en quelques vers, toutes les données fabuleuses propagées par les Brut et Geoffroy de Monmouth sur le roi Arthur, son neveu Modred, sa femme Genièvre, et sur le roi Cadwaladre[13], ne porte-t-elle pas clairement la marque de fabrique du XIIᵉ siècle?

Plus loin, il est question d'Owain Gwyned[14], fils du Gruffyz dont on vient de parler, et qui fut lui-même roi de North-Wales de 1137 à 1169. Stephens conclut de là que les *Afallenau* ont été composés au XIIIᵉ siècle. Il eût pu aller plus loin; un des vers de la pièce porte: «Quand *Bourgogne* viendra avec les hommes d'*Arras*[15].» L'Artois a été uni au comté de Bourgogne en 1302, au duché de Bourgogne en 1384; ce vers ne peut être antérieur à la première de ces dates. Et comme c'est seulement vers le commencement du XVᵉ siècle que les ducs de Bourgogne ont pris un rôle important dans les affaires d'Angleterre, comme la strophe précédente, mentionnant Owain, se trouve en relation évidente avec celle-ci, cet Owain très probablement n'est point comme l'a cru Stephens, l'Owain Gwyned du XIIᵉ siècle qui eut à lutter contre le roi d'Angleterre Henri II Plantagenet, mais cet héroïque Owain Glendour qui, de 1400 à 1415, en dépit des formidables armées des rois Henri IV et Henri V, ressuscita et maintint comme par miracle l'indépendance galloise.

Nous voilà bien loin du VIᵉ siècle et par conséquent de Merlin. Seulement tous ces noms, ces allusions, toutes ces marques d'une composition relativement

---

[12] «Gruffud ei henu o hil Iago.» Voir la 10ᵉ strophe de l'édition du *Myvyrian*, et la 15ᵉ de la traduction de Th. Stephens qui, sans en dire le motif, a modifié l'ordre suivi dans le *Myvyrian*.
[13] Strophe 20ᵉ du *Myvyrian*; Stephens, 7ᵉ.
[14] *Myvyr*. Strophe 18ᵉ; Steph. 21.
[15] «Pyn ddaw Byrgwyn a gwyr Aras.» *Myvyr*. strophe 19; Stephens (strophe 22) traduit: «When Burgundy comes with the men of Arras.»

récente, si elles sont dans la version du *Myvyrian*, ne se trouvent point dans le texte du *Livre Noir de Caermarthen*, édité par M. Skene. Dans le *Myvyrian*, les *Afallenau* ont vingt-deux strophes, dans le *Livre Noir* dix, et c'est des douze strophes absentes de ce manuscrit que Stephens a tiré, sinon toutes ses objections, du moins toutes les principales, contre l'authenticité de ce poème. Aussi M. Skene a-t-il beau jeu soutenir celle de la version du *Livre Noir*, dont tout à l'heure on va voir la traduction.

Avant de la produire ici, il convient de prier le lecteur de ne pas se laisser rebuter par certaines obscurités de cette poésie. Les allusions que le barde se permet sont nécessairement pour nous lettre close, les localités qu'il nomme ne peuvent plus pour la plupart être déterminées, la forme prophétique qu'il affecte comporte essentiellement certains nuages. Il y a enfin l'énorme distance qui sépare nos mœurs, nos idées, notre civilisation de celles du VIe siècle. Malgré tout, on trouvera, croyons-nous, quelque saveur à cette pièce, qui peut être considérée comme une authentique prophétie de Merlin.

LES POMMIERS[16]
(AFALLENAU)

1

Doux pommier aux branches charmantes,
Poussant de toutes parts tes boutons et tes bourgeons vigoureux,
Je prédirai, en présence du maître de Machreu[17],
Que dans la vallée de Machway, mercredi, il y aura du sang
Et de la joie pour les Loëgriens[18], dont les lames seront rouges de sang.
Mais écoute, petit pourceau[19] ! le jeudi, il viendra
De la joie pour les Kymrys[20] et leurs puissants bataillons,
Occupés à défendre Kymminawd à grands coups de sabre ;
Des Saxons, il sera fait un massacre avec les lances de frêne,
De leurs têtes on se servira pour jouer aux boules.
Je prédis la vérité sans déguisement,
Je prédis l'élévation d'un enfant caché aujourd'hui dans une contrée du sud[21].

2

Doux pommier, arbre vert à la croissance opulente,
Que tes branches sont vastes ! que ta forme est belle !
Oui, je prédis une bataille qui me fera crier
Dans Pengwern[22], au milieu d'une fête royale : Il faut ici de l'hydromel !
Une bataille où, autour de Kymminawd, sera fait un abattis mortel
Par le chef d'Eryri, sans que notre haine soit apaisée.

---

[16] Skene, *The four ancient Books of Wales*, I, p. 370 ; II, 18 et 335.
[17] Localité actuellement inconnue, ainsi que Machway, Kymminawd et toutes les autres nommées dans cette pièce, dont nous n'indiquerons pas la situation actuelle.
[18] Les Anglo-Saxons envahisseurs de l'île de Bretagne.
[19] Nous expliquerons cette apostrophe au pourceau à la fin de la pièce.
[20] Les Bretons.
[21] Les Bretons de la Cambrie, aujourd'hui pays de Galles, par opposition aux Bretons du Nord qui occupaient la partie de l'île située entre la Dee et la Clyde.
[22] Aujourd'hui Shrewsbury dans le Shropshire, ancienne capitale du Powys, l'un des trois principaux royaumes de la Cambrie.

3

Doux pommier, arbre aux teintes jaunes,
Tu croîs à Talarz sans être protégé par l'enceinte d'un jardin.
Et moi je prédirai une bataille en Bretagne
Pour défendre nos frontières contre les hommes de Dublin[23].
Sept navires viendront par le grand lac
Et sept cents par la mer, pour nous soumettre,
Et de ceux qui viennent pas un ne retournera vers Kennyn,
Sauf sept à demi-vides, conformément à la prédiction.

4

Doux pommier, que ta croissance est opulente!
J'avais coutume de prendre ma nourriture à tes pieds pour plaire à une belle fille,
Alors que, mon bouclier sur l'épaule, mon glaive sur la cuisse,
Je dormais seul dans la forêt de Kelyddon[24].
Écoute, petit pourceau! Attache-toi à la raison,
Prête l'oreille aux oiseaux dont le chant est agréable.
À travers la mer les souverains viendront lundi;
Les Kymrys seront bénis, par suite de cette résolution.

5

Doux pommier qui croîs dans la clairière,
Les seigneurs de la cour de Ryderch[25], à cause de leur violence, ne te verront pas,
Quoique le sol à tes pieds soit foulé et qu'il y ait des hommes autour de toi.
Terribles à leurs yeux sont les figures des héros.
Gwendyz[26] ne m'aime plus, ne me salue plus.
Je suis odieux au plus fidèle serviteur de Ryderch,
Car j'ai ruiné son fils et sa fille.
La mort prend tout devant elle : que ne me rend-elle visite!
Après Gwendoleu[27], aucun prince ne m'honore plus;

---

[23] Aux Ve et VIe siècles, les invasions des Scots d'Hibernie dans l'île de Bretagne étaient, on le sait, très fréquentes.

[24] Cette forêt était située dans la partie septentrionale de l'île de Bretagne, entre les deux murs romains, sur le haut cours de la Tweed.

[25] Roi des Bretons de la Clyde, dont la capitale était Arcluyd, ou Alcluyd, aujourd'hui Dumbarton en Ecosse; selon M. Stephens ce Ryderch surnommé *Haël*, c'est-à-dire le Généreux, serai mort en l'an 601.

[26] Ou Gwendydd, sœur de Merlin.

[27] Roi de l'un des petits Etats des Bretons du Nord, protecteur de Merlin.

Je n'ai plus aucun divertissement, aucune visite de ma belle.

Pourtant, à la bataille d'Arderyd[28], je portais un collier d'or,

Et maintenant je suis méprisé par celle qui est blanche comme un cygne.

6

Doux pommier à la fleur délicate,

Qui croîs caché dans les bois,

Au point du jour on m'a fait ce conte,

Que le plus fidèle des serviteurs se fâche à mon sujet

Deux fois, trois fois, quatre fois le jour.

O Jésus, plût à Dieu que ma fin fût venue

Avant d'avoir sur ma main la mort du fils de Gwendyz !

7

Doux pommier qui croîs sur le bord du fleuve,

Par respect pour toi, ton gardien ne tirera pas de profit de tes fruits splendides.

Avant d'être privé de raison, je me promenais souvent autour de ta tige

Avec une charmante fille, modèle de grâce et de gaîté.

Mais pendant dix ans et quarante ans, joué par des hommes sans loi,

Je suis resté errant dans les ténèbres et parmi les spectres.

Après avoir joui de grandes richesses, entretenu moi-même des ménestrels,

Je suis resté là si longtemps que les spectres et les ténèbres ne peuvent plus m'abuser.

Je ne dormirai point, car je tremble pour mon chef,

Mon seigneur Gwendoleu, et pour les citoyens de mon pays[29].

Après les peines et les longs ennuis que j'ai soufferts dans la forêt de Kelyddon,

Puissé-je devenir le serviteur béni du Roi au splendide cortège !

8

Doux pommier aux fleurs délicates,

---

[28] Ou Armterid. Bataille livrée en 573, selon les *Annales Cambriæ* ; nous en reparlerons plus loin.

[29] Le texte de ce vers et des deux qui précèdent est fort altéré dans la version du *Myvyrian*. Ce passage ayant une importance particulière, nous donnons ici le texte primitif du *Livre Noir de Caermarthen* :

> *Nv vev nam guy guall gan wylleith a guyllon.*
>
> *Nv nev nachyscafe ergrinaf wynragon*
>
> *Vy argluit Guendolev, ambrorryv brodorion.*

M. Skene traduit : « I have been (here so long that) it is useless for gloom and sprites to lead me astray. I will not sleep, but tremble on account of my leader my lord Gwendoleu, an those who are native of my country. » (*The Four ancien Books of Wales*, I, p. 372 ; II, p. 20.)

Qui croîs dans un terrain couvert d'arbres,
La Sibylle m'a révélé d'avance ce qui va se passer :
Un sceptre d'or d'un grand prix, récompense de la bravoure,
Sera donné aux illustres chefs en face des dragons[30].
Celui qui leur fera cette grâce vaincra l'impie.
Devant l'enfant, hardi comme le soleil en sa course,
Les Saxons seront extirpés et les bardes florissants.

9

Doux pommier, arbre aux teintes écarlates,
Qui croîs caché dans la forêt de Kelyddon,
On a beau chercher tes fruits, ce sera en vain
Jusqu'au jour où Cadwaladyr sortira de la conférence de Cadvaon
Avec l'aigle des rivières de Tywi et de Teivi[31],
Où une cruelle angoisse viendra d'Aranwynion,
Et où seront enfin domptés les sauvages aux longs cheveux.

10

Doux pommier, arbre aux teintes écarlates,
Qui croîs caché dans la forêt de Kelyddon,
On a beau chercher tes fruits, ce sera en vain
Jusqu'au jour où Cadwaladyr sortira de la conférence de Rhyd-Reon
Et où Conan, venant à sa rencontre, marchera contre les Saxons.
Les Kymrys alors seront vainqueurs, glorieux sera leur chef ;
Les Bretons, reprenant leurs droits, se réjouiront ;
Leurs cornes sonneront des airs de fête, ils entonneront le chant de la paix et du bonheur.

---

[30] Les Anglo-Saxons.
[31] Deux rivières du pays de Galles, dont la première passe à Caermarthen, et la seconde à Cardigan.

IV

Il serait assurément difficile d'expliquer clairement toutes les circonstances, toutes les allusions contenues dans cette pièce : il est facile au contraire d'en pénétrer le sens général. Le barde l'indique nettement dès la première strophe :

« Des Saxons il sera fait un massacre… Je prédis la vérité sans déguisement : je prédis l'élévation d'un enfant caché aujourd'hui dans une contrée du Sud. »

Il l'indique de nouveau à la fin (strophe 8ᵉ) :

« Devant l'enfant, hardi comme le soleil en sa course, les Saxons seront extirpés, et les bardes florissants. »

Ce pommier aux fleurs délicates, aux fruits splendides, aux frondaisons opulentes richement nuancées, qui croît tout gonflé de sève au bord du fleuve et au fond des bois, sans être protégé par la muraille d'un jardin, c'est cet enfant qui grandit dans l'exil et aussi la race illustre dont il est l'espoir. Comment s'étonner dès lors que la mention de ce symbole revienne en tête de chaque strophe ? M. Stephens fait de cette répétition une difficulté et prétend qu'elle ne se lie pas au fond de la pièce. C'est là une erreur complète, le but essentiel du poème étant d'exciter, de raviver le zèle des Bretons en faveur du prince et de la race que le barde symbolise sous la figure du pommier.

Que ce prince et sa famille eussent été dépouillés par les Saxons envahisseurs de l'île de Bretagne, cela n'est pas douteux, car dans cette pièce ce sont les seuls ennemis que le poète connaisse, les seuls qu'il maudisse et menace, tantôt sous leur propre nom, tantôt sous celui de Loëgriens que les Bretons donnaient aussi aux conquérants étrangers.

Quant à la date, la mention de la bataille d'Arderyd[32], livrée en l'an 573, indique le dernier quart du VIᵉ siècle. On a même prétendu trouver dans la pièce la preuve intrinsèque qu'elle avait été faite cinquante ans juste après cette bataille, c'est-à-dire en l'an 623. Cette preuve, ce serait deux vers de la 7ᵉ strophe :

« Pendant *dix ans et quarante encore*, joué par des hommes sans loi, je suis resté errant dans les ténèbres et parmi les spectres. »

Mais où voit-on que ces cinquante ans de souffrances aient suivi la bataille d'Arderyd ? C'est une pure supposition ; le poème, tel qu'il est dans le *Livre Noir*, n'en dit rien, et cette prétendue date de 623 n'a aucun fondement. Ces cinquante ans ne peuvent même pas ici être pris, en bonne critique, pour un chiffre

---

[32] *Annales Cambriæ* dans *Monumenta historica Britannica*, p. 831.

précis ; c'est une de ces hyperboles dont on a usé de tout temps pour marquer une période indéterminée qui a paru longue ; ne disons-nous pas encore tous les jours : Cela m'a duré *un siècle* ?

Les princes, les personnages historiques nommés dans la pièce peuvent aider à en fixer l'époque et la signification Nous en trouvons quatre : Ryderch (strophe 5), Gwendoleu (strophes 5 et 7), Cadwaladyr et Conan (strophes 9 et 10).

Ryderch fut roi du Strat-Cluyd dont Alcluyd ou Arcluyd (auj. Dunbarton) était la capitale ; selon M. Stephens il serait mort en 601, cette date ne repose sur aucune autorité sérieuse. Mais les *Généalogies Saxonnes,* composées au VIIe ou au VIIIe siècle, nomment Ryderch parmi les quatre rois bretons qui luttèrent, de 560 à 592, contre les chefs anglo-saxons fils d'Ida, envahisseurs de la Northumbrie[33]. Il fut en rapport avec saint Coulm[34] (saint Columba) qui mourut en 596 ou 597, et avec saint Kentigern[35] mort en 612. Il dut donc effectivement mourir lui-même vers la fin du VIe siècle ou le commencement du suivant.

Quant à Gwendoleu, sauf le poème que nous venons de traduire, on ne le trouve dans aucun document ancien d'un caractère historique sérieux. Les Triades[36] galloises du XIIIe siècle s'occu-pent de lui et assez mal à propos, car elles le font mourir à la bataille d'Arderyd, assertion démentie, on vient de le voir, par la strophe 7 des *Afallenau,* où Merlin dit :

«Je ne dormirai point, je tremble pour mon chef, mon seigneur Gwendoleu.»

Il avait dit, il est vrai à la strophe 5 :

«Après Gwendoleu aucun prince ne m'honore plus.»

Les Triades ont conclu de là la mort de ce roi : très fausse interprétation. Gwendoleu n'honore plus Merlin parce qu'il n'en a plus le pouvoir, parce qu'il est dépouillé, chassé de son royaume par les Saxons, voilà ce que le barde veut dire, et c'est justement pour préparer la restauration de ce prince ou de son fils, pour encourager leurs partisans, leur susciter des alliés et des vengeurs, qu'est faite cette pièce des *Afallenau.*

---

[33] Voir Nennius, édit. Stevenson, p. 53.

[34] Les *Annales de Tigernach* mettent la mort de saint Coulm en 596 ; voir O'Conor, *Rerum Hibernicarum Scriptores,* II, p. 159. Les Bollandistes préfèrent 597.

[35] Les *Annales Cambriæ* inscrivent sous l'an 612 «Conthigirni obitus». Voir *Monumenta Historica Britannica,* I, 831.

[36] Editées sous le titre *Triades historiques et légendaires des Royaumes gallois. Arthur et ses guerriers.* Genève, www.arbredor.com, 2002.

V

La 4e strophe et surtout les deux dernières nous montrent sur quel secours comptait le barde pour amener le rétablissement du jeune prince dont il défend la cause si vivement. Ce secours, c'est l'intervention puissante de deux princes bretons unis ensemble, Conan et Cadwaladyr.

M. Stephens voit dans ces deux derniers noms la preuve d'une interpolation évidente. À ses yeux, le Conan ici mentionné ne peut être que Conan II duc de Bretagne de 1040 à 1066, célébré dans la fausse prophétie de Merlin, qui forme le livre VII de *l'Histoire des rois de Bretagne* de Geoffroy de Monmouth. Cadwaladyr est nécessairement, pour lui, le Cadwalladre légendaire du même Geoffroy, mort (dit-on) en 689, et dont les Gallois, depuis le XIIe siècle, attendaient avec confiance la résurrection et le retour d'Armorique, comme celui du libérateur destiné à rétablir la puissance de leur race et sa domination sur l'île de Bretagne.

Il suffit de réfléchir un instant pour voir que cette assimilation, d'ailleurs tout hypothétique, est inadmissible. Selon Geoffroy, Cadwalladre doit venir, comme Conan, de la Gaule dans l'île de Bretagne pour y accomplir la restauration de la race bretonne[37]. Ici rien de tel : Conan et Cadwaladyr sont dans l'île et y restent. Notre barde ne leur attribue point la mission merveilleuse inventée par Geoffroy et les *Brut*; de leur alliance il se promet seulement la délivrance des fruits savoureux du pommier chanté par lui, c'est-à-dire le rétablissement du jeune prince exilé, dont sa première strophe a prédit le prochain triomphe.

Cependant, M. Stephens insiste. À côté du Cadwaladyr légendaire, il y en a un historique, beaucoup moins célèbre, qui régna en North-Wales, dans le pays de Gwyned, de 635 à 664 : dates établies par le témoignage de Bède et d'autres monuments authentiques. Puisque les *Afallenau* mentionnent comme vivant Ryderch qui mourut dès le commencement du VIIe siècle, nous sommes donc toujours ici —même avec le Cadwaladyr historique— en face d'un flagrant

---

[37] Dans la fausse prophétie de Merlin, Cadwalladre et Conan sont nommés ensemble; c'est évidemment de cette fantaisie du faussaire qu'est sorti tout l'argument de Stephens : « Cadwalladrus vocabit Conanum, et Albaniam in societatem accipiet. Tunc erumpent Armorici fontes, et Bruti (Britanni) diademate coronabuntur. Ex Conano procedet aper bellicosus, qui intra Gallicana memora acumen dentium suorum exercebit, etc. » Galfridi Monumet. *Hist. Reg. Britan.*, lib. VII, cap. 3.

anachronisme, qui ne permet pas d'admettre cette pièce comme authentique qui révèle tout au moins, dans le texte même du *Livre Noir*, une interpolation.

La réponse est simple. Ce prétendu anachronisme résulte de l'hypothèse qu'il s'agit ici nécessairement du Cadwaladyr vénédotien[38] du VIIe siècle, soit du légendaire, soit de l'authentique. Hypothèse absolument gratuite. Car, d'une part, ce nom de Cadwaladyr ou Cadwalart était assez répandu dans l'île de Bretagne, il a été porté par nombre de personnes autres que les princes du VIIe siècle, nous le trouvons plusieurs fois, au VIe, dans le cartulaire de l'église de Landaff[39]. D'autre part, nul ne peut se flatter de connaître les noms de tous les petits rois et princes bretons de la fin du VIe siècle; la Cambrie seule comprenait sept ou huit de ces royaumes minuscules, et l'on ne sait même pas les noms de tous ceux qui se partageaient le vaste territoire sis au nord de la Cambrie, de la Dee à la Clyde. Le Cadwaladyr des *Afallenau* n'est donc point nécessairement celui du VIIe siècle; c'est un de ces petits rois ignoré de la fin du VIe, contemporain de Ryderch (dès lors plus d'anachronisme, l'objection de Stephens croule), et qui ne nous est connu que par notre poème.

Ce poème nous donne sur lui des notions qui ne sont point sans intérêt. Ce Cadwaladyr eut la patriotique ambition d'unir dans une ligue contre les Saxons plusieurs des petits chefs bretons, d'habitude si divisés entre eux. Il négocia cette union en diverses entrevues, la première «avec l'aigle de Tywy et de Teivi,» c'est-à-dire avec le roi de Démétie (Galles du Sud), dont le territoire était baigné par ces deux rivières[40]. Il sollicita ensuite les chefs du Nord, dans une seconde entrevue qui eut lieu à Rhyd Reon, — ou gué de Réon, — lieu placé avec raison par M. Skene sur le bord du Loch Reon, aujourd'hui *Loch Ryan*, long et étroit bras de mer qui s'enfonce du nord au sud dans la pointe occidentale du comté de Galloway. Là, Cadwaladyr conquit l'alliance de Conan, l'un des rois bretons du nord.

Dès lors fut arrêté le plan de campagne. Cadwaladyr dut monter dans la direction du nord avec les forces qu'il pourrait tirer de la Cambrie, et Conan descendre à sa rencontre vers le sud, tous deux convergeant contre les Saxons détenteurs du territoire ravi au jeune prince qu'on voulait y rétablir: territoire

---

[38] C'est-à-dire du pays de Gwyned ou Gwéned, qu'on nommait en latin *Venedotia*.

[39] *Liber Landavensis*, p. 124, 172, 173.

[40] M. Skene veut transporter ces deux rivières en Ecosse, un peu au sud d'Edimbourg, en identifiant la Tweed avec le Tywy, et le Teviot, son principal affluent avec le Teivi. Mais il ne donne aucune preuve que la Tweed et le Teviot aient porté ces noms, et cela reste — ce nous semble — jusqu'à nouvel ordre une hypothèse gratuite peu acceptable.

situé évidemment entre les deux alliés, c'est-à-dire entre la Dee et la Clyde, probablement à mi-chemin, aux environs du golfe de Solway.

Merlin ne se borne pas à nous révéler ce plan de campagne (strophe 10), il nous dit aussi que la fête du triomphe aura lieu à Pengwern, aujourd'hui Shrewsbury, chef-lieu du Shropshire, et qui était alors la capitale du pays de Powys, l'un des royaumes bretons de la Cambrie. Cette fête devait naturellement se célébrer chez le chef principal de l'entreprise, chez Cadwaladyr ; nous devons donc voir dans ce dernier un roi de Powys vivant vers la fin du VIe siècle.

C'est à lui sans doute qu'on avait confié le jeune prince exilé, car d'après la 1ᵉ strophe des *Afallenau*, cet enfant était caché «dans une contrée du Sud,» c'est-à-dire de la Cambrie. Il est vrai qu'en parlant de ce même prince sous l'emblème du pommier, Merlin le montre à plusieurs reprises croissant à l'ombre de la forêt de Kelyddon, située au contraire dans la Bretagne du Nord, sur le haut cours de la Tweed[41]. Peut-être y chercha-t-il d'abord un asile ; d'ailleurs, dans l'intérêt du jeune prince, le barde devait tenir à entourer de doutes et de nuages le lieu de sa retraite.

---

[41] La *Vie de S. Kentigern* citée par Bowar, continuateur de Fordun, dit que Merlin, qui périt dans la forêt de Kelydon, mourut «ulra oram Tuedæ fluminis præruptam, prope oppidum Dun Meller» (Villemarqué, *Myrdhin*, p. 81). Selon M. Skene, Dun Meller serait la paroisse actuelle de Drumelzier, dans le comté de Tweeddale (*Four Books of Wales*, I, p. 54). La forêt de Kelydon devait couvrir la partie centrale de l'île , du haut cours de la Tweed au haut cours de la Clyde ; les forêts d'Ettrick et de Selkirk en seraient des restes (Skene, *Ibid*).

Voilà, ce semble, la substance historique contenue dans les *Afallenau*; reste à indiquer le côté personnel de ce poème, ce que le barde y dit de lui-même et de sa propre vie. Ce côté a été jusqu'ici, à notre sens, beaucoup exagéré; depuis qu'on ne voit plus dans *les Pommiers* une œuvre mythologique, on y veut voir presque exclusivement une œuvre de poésie personnelle. La poésie historique ou politique —nous venons de le prouver— domine de beaucoup dans cette pièce. On y trouve pourtant aussi quelques notions d'un autre ordre bonnes à recueillir.

Le barde nous apprend qu'il a été riche, honoré par le roi Gwendoleu, guerrier vaillant dans la forêt de Kelyddon et portant le collier d'or à la bataille d'Arderyd; qu'il a connu les enivrements de l'amour et s'est, avec une jeune fille, promené autour de la tige du pommier tant célébré dans ses vers, c'est-à-dire à la cour du roi, père du jeune exilé dont il annonce le rétablissement (ci-dessus, strophes 4, 5, 7).

Puis sont venus les jours mauvais. Gwendoleu, son protecteur, ne s'est plus trouvé en état de soutenir sa fortune. Merlin a eu le malheur de causer la mort du fils de Gwendyz, que l'on croit avoir été sa sœur et la femme de Ryderch[42]. De là la disgrâce où il est tombé vis-à-vis de Ryderch, de ses serviteurs et de Gwendyz: disgrâce qui l'afflige profondément. Ces chagrins et ces malheurs ont fini par lui déranger l'esprit. Il a erré —ou bien il a cru errer— longtemps et péniblement, parmi les ténèbres et en compagnie des spectres, dans la forêt de Kelyddon. Aussi appelle-t-il maintenant la mort, espérant ainsi entrer dans le cortège splendide du roi des rois (strophes 4, 5, 6, 7). Il semble toutefois reprendre raison, vie et espoir, en songeant au triomphe prochain du jeune prince, en qui, nous le répétons, il y a tout lieu de voir le fils ou l'héritier de Gwendoleu.

Un point à noter: Merlin ne parle point de sa vieillesse. Or quand ils atteignaient cet âge, les bardes bretons du VIe siècle —exemple Lywarc'h-Hen— ne cessaient de le dire et de geindre sur leurs cheveux blancs, quelque fois en très beaux vers, mais sans jamais craindre de se répéter.

Donc Merlin n'était pas vieux quand il faisait sa pièce des *Pommiers*, plusieurs années après la bataille d'Arderyd (qui est de 573), c'est-à-dire vers la fin du VIe siècle, de 580 à 600. Cela oblige à le distinguer absolument du Merlin Ambroise,

---

[42] Voir *Vita Merlini Caledonii*, édit. Fr. Michel, 1837.

ou Merlin Emrys de Nennius, qui, quelques années après l'entrée des Saxons en Grande-Bretagne, vers 460 au plus, fit au roi Vortigern la fameuse prophétie des deux dragons, dont nous avons donné au commencement de cette étude la version la plus connue. — Nous n'admettons cependant comme personnage réel qu'un Merlin, celui des *Afallenau* et de la fin du VIe siècle. L'autre n'est pas même une personne légendaire, c'est une fable faite à plaisir.

Resterait à parler du « petit pourceau ; » mais cette explication viendra mieux à propos de la pièce des *Hoianau*.

Le *Dialogue de Taliésin et de Merlin* figure en tête du plus ancien manuscrit des bardes bretons, le *Livre Noir de Caermarthen*. Le *Myvyrian* l'attribue à Talié-sin ; M. Skene remarque avec raison que, d'après les deux derniers vers, il doit être restitué à Merlin. Thomas Stephens l'a déclaré apocryphe, fabriqué au XIIᵉ ou au XIIIᵉ siècle, mais sans alléguer le moindre motif[43] : c'est là de la fantaisie, non de la critique. Nous allons —d'après la traduction de M. Skene— le faire connaître au lecteur, puis essayer de l'expliquer et en examiner l'authenticité.

DIALOGUE DE TALIÉSIN ET DE MERLIN[44]

1 MERLIN

Quel malheur pour moi ! ah ! quel malheur !
Kedwy et Cadvan ont-ils péri ?
Affreux, tumultueux était le carnage ;
Leur bouclier avait été percé à Tryuruyd[45].

2 TALIÉSIN

C'est Maëlgoun que j'ai vu combattre :
Sa suite, devant le tumulte de l'armée, ne garde pas le silence.

3 MERLIN

En face de deux guerriers, à Nemtur, ils débarqueront,
En face d'Errith et de Gurrith monté sur un cheval d'un blanc livide ;
Nul doute qu'ils n'enlèvent ce maigre coursier.
Bientôt, avec sa suite, on verra Elgan :
Hélas ! pour trouver la mort ils ont fait un grand voyage.

---

[43] *The littérature of the Kymry*, édit 1876, p. 76 et 79.
[44] Skene, *The Four ancient Books of Wale*, I, p. 368 ; II, 3 et 320.
[45] La dixième des batailles d'Arthur, dans Nennius, est mise à Treuroit ou Triuroit : nom fort semblable, M. Skene (*Four Books*, I, 56-57) prétend fixer cette situation à Stirling, mais sans raison suffisante. En tous cas, l'action à laquelle on fait allusion ici serait absolument distincte de la bataille d'Arthur.

Rys, qui n'a qu'une dent et dont le bouclier n'a qu'un empan,
Vraiment toi tu n'as que bonheur.
Kyndur a été tué, on le pleure sans mesure ;
Des guerriers généreux ont été tués,
[Entre autres] trois hommes de marque, dont Elgan faisait grand cas.

5 MERLIN

À travers bien des périls, à force de témérités,
De loin, de bien loin sont venus jusqu'à moi Bran et Melgan.
Ils tuèrent, dans leur dernière attaque, Diwel
Le fils d'Erbin et ses hommes.

6 TALIÉSIN

L'armée de Maëlgoun se leva, marcha en avant[46],
Tuant les hommes de guerre à travers la plaine sanglante.
Dans la bataille d'Arderyd, quand le moment sera venu,
Ils prépareront[47] continuellement le succès du héros.

7 MERLIN

Des milliers de lances se choquent ! Une vapeur sur la plaine ensanglantée !
Des milliers de guerriers robustes mis en pièces[48] !
Des milliers qui portent des blessures ! des milliers qui fuient !
Des milliers qui retournent au combat !

8 TALIÉSIN

Les sept fils d'Elifer, sept héros à l'épreuve !
Devant sept lances nul, dans leurs sept bataillons ne reculera.

---

[46] « Llu Maëlgun bu yscun y doethan. » (Skene, *Four Books,* II, p. 4). Littéralement : *Exercitus Maglocuni fuit surgens, venerunt.*

[47] Il faudrait sans doute : « Elle préparera, » mais nous suivons d'aussi près que possible le texte et la traduction de M. Skene.

[48] « Llyaus ærwir bryv breuaul vidan. » (Skene, *Ibid.*) Littéralement : « *Multi bellatores robusti fracti erunt.* » Le *Myvyrian* (édit. 1870, p. 45) donne ainsi ce vers : « Lliaws aerwyr bryw breuawl sidan, » c'est-à-dire : « *Multi bellatores robusti, fragile sericum,* = Beaucoup de guerriers robustes [seront en ce jour brisés comme] une soie fragile. » — La première version donnée par le *Livre Noir,* est très préférable. — *Lliaws,* dans Owen Pughes, = « a multitude, a great many, a great quantity. »

9 MERLIN

[Ce sont] sept feux étincelants, sept armées résistantes;
Le septième, Kynvelyn, toujours au premier rang,

10 TALIÉSIN

Sept lances qui percent, et font couler sept rivières
Remplies jusqu'aux bords du sang des chefs.

11 MERLIN

Sept-vingt généreux guerriers sont descendus chez les ombres;
Dans la forêt de Kelyddon ils trouvèrent leur fin.
— Puisque moi Merlin je suis le premier après Taliésin,
Permets que ma prophétie nous soit commune.

Cette pièce présente, à première lecture, une physionomie antique, qui proteste contre la condamnation sans motifs portée par M. Stephens. Un examen attentif confirme cette impression.

Ce que ce poème raconte à sa manière, — tantôt sous forme de récit, tantôt sous forme de prédiction, — c'est incontestablement la bataille d'Arderyd. Les documents pseudo-historiques de la Cambrie, des XIIe et XIIIe siècles, tels que les *Triades*, la *Vie de Merlin le Calédonien* et quelques autres, contiennent des mentions, même des récits de cette bataille, avec des constances très caractéristiques. Si le *Dialogue de Taliésin et de Merlin* avait été, comme le dit Stephens, fabriqué au XIIe siècle, son auteur n'eût pas manqué, pour autoriser son œuvre, d'y faire entrer les principaux traits, les principaux personnages déjà inscrits dans la légende cambrienne. Ainsi procèdent toujours les faussaires. Or le poème ci-dessus présente justement le système inverse. Il contredit, sur cet événement, toutes les données de la légende galloise, et les quatorze personnages qu'il nomme sont tous, sauf un ou deux, inconnus.

En dehors de notre *Dialogue* il n'existe qu'une mention authentique de la bataille d'Arderyd, dans la chronique dite *Annales Cambriæ*: mention réduite à deux mots: *Bellum Armterid*[49], *et inscrite sous une date qui répond à 573. Mais un manuscrit de ces mêmes Annales*, exécuté à la fin du XIIIe siècle, ajoute, par voie d'interpolation, que cette bataille fut livrée par les fils d'Elifer à Gwendoleu, que celui-ci y perdit la vie et Merlin la raison[50].

Les documents écrits en gallois ont une version un peu différente[51]. Gwendoleu est toujours tué dans cette bataille, mais il a pour adversaire, au lieu des fils d'Elifer, le roi de Strat-Cluyd, Ryderch Haël, et il est assisté d'un allié qu'on nomme Aeddan *Bradawg*, c'est-à-dire le Traître, dont on fait un roi breton, — souvenir d'Aidan, fils de Gabran, roi des Scots Calédoniens qui fut couronné par saint Columba.

Dans la *Vie de Merlin le Calédonien*, écrite en vers latins sur la fin du XIIe siè-

---

[49] Voir *Monumenta Historica Britannica*, p. 831.

[50] «Bellum Arderit, inter filios Elifer et Guendoleu filium Keidiau: in quo bello Guendoleu cecidit: et Merlinus insanus effectus est.» (*Ibid*)

[51] Elle est résumée par le Rev. Robert Williams aux articles *Aeddan, Gwendoleu, Merddin et Rhydderch Hael* de son utile *Biographical dictionary of eminent Welshmen* (1852), p. 11, 192, 326, 442.

cle, Gwendoleu est qualifié roi d'Écosse (*Guennoloum Scotiæ qui regna regeba*t, vers 28); il combat seul une coalition formée des Bretons du Nord commandés par Ryderch (*rex quoque Cumbrorum Rodarcus*, v. 33) et de ceux du pays de Galles conduits par Pérédur roi de Gwyned (*dux Venedotorum*) et par Merlin lui-même, qui est ici à la fois barde, roi de Démétie (South-Wales) et beau-frère de Ryderch, mari de Gwendyz, nommée dans ce poème latin *Ganieda*. Gwendoleu, après une vaillante défense est vaincu avec ses Scots, on ne dit pas qu'il soit tué. Mais trois frères de Pérédur, très chers à Merlin, périssent dans la mêlée, triple perte qui cause la folie de notre barde et sa fuite dans les forêts. Notons que, dans les documents gallois, un des fils d'Elifer se nomme Pérédur.

Enfin ajoutons ici tout de suite le complément imprévu qu'a donné à cette légende des XIIe et XIIIe siècles un critique du XIXe, M. Skene lui-même. Dans *son introduction aux Quatre livres bardiques du pays de Galles*[52], *il a eu occasion de parler de la bataille d'Arderyd. Il l'a transformée: il en fait le dénouement d'une guerre de religion entre nations bretonnes. Gwendoleu, qui représente seul le parti païen, y est vaincu et tué par la coalition de trois princes chrétiens et propagateurs du christianisme: Ryderch l'ami de saint Kentigern, Aidan l'ami de saint Columba, et Maëlgoun moins fervent qui ne fut l'ami d'aucun saint. Ce caractère de lutte religieuse, attribué à l'affaire d'Arderyd, est peut-être ingénieux, il est encore plus imaginaire, et M. Skene en effet ne cite à l'appui aucun témoignage, aucun document ancien.*

Aidé par la Vie de S. Kentigern, il a été plus heureux en fixant le théâtre de la bataille d'Arderyd, près du golfe de Solway, à 9 ou 10 milles au nord de Carlisle, non loin d'un lieu encore nommé *Arthuret*, au bord de la rivière d'Esk; dans la plaine qui sépare le torrent de Carvinolow (affluent cette rivière) et la rivière de Lidel[53].

Voyons maintenant ce que, sur cette même bataille, contient le poème si curieux que nous examinons.

---

[52] Tome Ier, p. 65-67.
[53] «In bello satis noto, quod erat in campo inter Lidel et Carvanolow situato.» *Vit. S. Kentigerni* dans Villemarqué, *Myrdhin ou l'enchanteur Merlin*, p. 72.

Sur un point capital — la présence, le rôle et la mort de Gwendoleu — notre *Dialogue* contredit par son silence toutes les versions de la légende, celle de M. Skene comprise. On a vu, dans les *Afallenau*, la vive affection qui unissait Merlin à Gwendoleu. Si ce dernier avait combattu à Arderyd, la première parole de notre barde eût été pour s'enquérir de lui, et le poème commencerait ainsi :

« Quel malheur pour moi ! ah ! quel malheur ! Gwendoleu a-t-il péri ? »

Au lieu de cela, Merlin n'a de souci que pour Kedvy et Cadvan, deux inconnus. Il est sûr, d'ailleurs, par les *Afallenau* (strophe 7), que Gwendoleu survécut à la bataille d'Arderyd ; mais s'il y avait pris part, Merlin son ami et son fidèle n'eût pu manquer de le dire dans son poème ; son silence absolu prouve clairement l'absence de Gwendoleu. Premier résultat fort essentiel pour l'histoire de cet événement.

Le chef des Bretons à Arderyd, d'après le *Dialogue*, ou du moins le chef du parti que soutiennent de tous leurs vœux Taliésin et Merlin, c'est Maëlgoun ; nous rechercherons plus loin quel est ce prince. Presque tous les autres personnages nommés dans le poème, y compris les sept fils d'Elifer, ne sont manifestement que ses auxiliaires ou ses subordonnés.

Mais quel est l'ennemi que Maëlgoun avait à combattre ? On a quelque peine à le reconnaître. C'est de lui cependant que Merlin dit dans la 3ᵉ strophe :

« En face de deux guerriers, à Nemtur, ils débarqueront, en face d'Errith et de Gurrith montés sur un cheval d'un blanc livide ; nul doute qu'ils n'enlèvent ce maigre coursier. »

Ainsi les ennemis viennent par mer ; ils viennent de l'Ouest, car Nemtur est le très ancien nom d'Arcluyd ou Dunbarton, usité pour la dernière fois au VIIIᵉ siècle par Fiech dans sa *Vie de S. Patrice*. Ce ne sont pas des Saxons, ils viendraient de l'Est ; ce ne peut être qu'une invasion des Scots d'Hibernie.

Ils trouvèrent les côtes d'Arcluyd mal gardées, par une mauvaise cavalerie qu'ils culbutèrent (strophe 3). Puis ils rencontrèrent un corps plus considérable, commandé par Elgan, qui fut aussi, semble-t-il, fort maltraité (strophes 3 et 4). Dès lors les envahisseurs purent se répandre dans le pays, le piller à l'aise et descendre à peu près sans obstacle jusqu'au golfe de Solway. Une poignée de Bretons, embusquée dans la forêt de Kelyddon sur le haut cours de la Clyde, s'efforça de retarder leur marche en les harcelant : elle fut battue et perdit 140 hommes (strophe 11). Enfin une troupe d'intrépides guerriers, venue de loin, à marches forcées, sous les ordres de Bran et de Melgan parvint à arrêter l'ennemi (strophe 5) et donna à l'armée de Maëlgoun le temps d'entrer en ligne (strophe 6). Alors eut lieu une action générale et décisive, la bataille d'Arderyd, longue, rude, sanglante mêlée, d'après le tableau que notre barde en fait dans la strophe 7e, et qui fut gagnée surtout par la bravoure sans égale des sept fils d'Elifer et de leurs sept bataillons (strophes 8, 9, 10).

Ces renseignements très curieux, tout à fait originaux, que nous tirons du poème, permettent de restituer dans sa vérité l'histoire d'un événement important, absolument falsifiée par les documents pseudo-historiques des XIIe et XIIIe siècles.

Le début de la pièce est plein de mouvement et de naturel. Merlin sortant de la mêlée, sinistrement ému de tant de scènes de carnage, rencontre Taliésin et lui demande avec anxiété ce qu'il sait du sort de deux amis engagés dans le conflit. Taliésin qui ne fait qu'arriver l'ignore, il n'a vu que l'attaque des troupes commandées par Maëlgoun qui vient de décider la victoire. Alors s'engage entre les deux bardes le dialogue où ils retracent les principaux incidents de la campagne.

X

Plus on étudie ce poème, moins on devine pour quel motif l'authenticité en serait contestée. Il contredit toutes les légendes pseudo-historiques de XIe, XIIe, et XIIIe siècles, il est donc antérieur à l'âge des fables. M. Skene remarque de plus que l'emploi du nom de Nemtur, inusité depuis le VIIIe siècle, le fait remonter au moins à cette époque, et comme les notions qu'il fournit concordent entre elles et avec les documents d'une autorité certaine, il n'y a vraiment nul prétexte pour rejeter l'origine indiquée dans les deux derniers vers, qui attribuent à Merlin la paternité de l'œuvre.

Il y a toutefois une légère difficulté — non pour M. Skene ou M. Stephens qui mettent volontiers en 586 la mort du roi Maëlgoun mentionné par Gildas, — mais pour ceux (et nous en sommes) qui, se fondant sur l'autorité considérable des *Annales Cambriæ*, placent cet événement au cours de la *peste jaune*[54], *dont la Cambrie souffrit pendant sept années, à partir de 547. Impossible dès lors de voir dans le vainqueur d'Arderyd le prince tant flagellé par Gildas. Mais nous répéterons ici ce que nous avons dit plus haut pour Cadwaladyr. Loin d'avoir la liste complète — qui ne finirait pas — de tous les petits rois bretons du VIe siècle, à peine en connaissons-nous quelques-uns, et le nom de Maëlgoun ou Mailcun étant assez répandu en ce siècle*[55], *rien ne s'oppose à ce qu'il ait été porté par un autre prince cambrien après la mort du Maëlgoun de Gildas.*

Nous trouvons même, en dehors du Dialogue de Merlin et de Taliésin, des indices assez curieux d'un second roi Maëlgoun. Les Généalogies saxonnes appellent le Maëlgoun de Gildas Maicunus Magnus, Maëlgoun *le Grand*, ce qui implique l'existence d'un Maëlgoun moins célèbre, ne possédant pas ce surnom. — Les traditions scotiques recueillies par Fordun dans ses *Chronica Scotorum* mentionnent aussi (lib. III, cap. 28) un *Malgo rex Britonum*, allié du roi des Scots Aidan, fils de Gabran, dont il obtint du secours pour livrer une bataille aux Saxons, en 584, à Stanemore (*Mora Lapidea*), aujourd'hui petite ville du Westmoreland, dans le S.-E de ce comté, sur la limite de l'Yorkshire[56].

---

[54] « C. III. Annus (547). Mortalitas magna, in qua pausat Mailcunus, rex Genedotæ. » (*Monumenta Hist. Britannica*, 831).
[55] On le trouve entre autres dans le *Liber Landavensis*, p. 200, dans les *Cambro-British Saints*, p. 300, etc.
[56] Gale, *Historiæ Britannicæ Scriptores*, I, 638 ; et Usher, *Brit. Eccl. Antiq.*, p. 296.

Ce Malgo ou Maëlgoun est sans doute le vainqueur d'Arderyd; du contexte de Fordun il résulte que ce devait être un prince cambrien, peut-être un fils ou petit-fils du Maëlgoun de Gildas. À la vérité, les *Brut*, les *Triades*, donnent à ce dernier une autre postérité. Cette objection nous touche peu, car tous ces documents pseudo-historiques ne sont même pas à nos yeux des légendes traditionnelles, mais pour les trois quarts au moins de vraies fables inventées à plaisir par des lettrés, — dès lors sans aucune autorité.

Quoi qu'il en soit, dans le *Dialogue de Taliésin et de Merlin* et dans les *Afallenau* du *Livre Noir*, nous avons (nous croyons l'avoir prouvé) deux poèmes historiques fort curieux, dont l'authenticité, l'attribution à Merlin, ne sauraient souffrir plus de difficulté que celle des poèmes attribués jusqu'ici sans contestation sérieuse — par M. Stephens lui-même — à Lywarc'h-Hen et à Taliésin.

Le traitement infligé au poème orignal des *Pommiers* de Merlin par les bardes gallois du XIIᵉ au XVᵉ siècle, est fort instructif. Il est clair qu'on ne se faisait alors nul scrupule de falsifier, au moins par voie d'addition, les œuvres des vieux bardes. Plus ces œuvres étaient célèbres, plus elles encouraient ce péril parce qu'on y trouvait un véhicule d'autant plus commode pour les nouvelles strophes qu'on y ajoutait, tantôt dans un intérêt *bardique,* tantôt dans un but patriotique ou tout au moins politique. Ces additions subreptices n'étaient souvent l'œuvre ni d'un seul homme ni même d'un seul siècle; chaque génération bardique y mettait la main, le tronc primitif disparaissait sous cette végétation parasite, et ainsi le poème des *Afallenau* (les Pommiers), des dix strophes originales dans lesquelles Merlin s'était renfermé, montait jusqu'à vingt-deux, la substance première étant enfin comme noyée sous ce flot montant d'interpolations.

Les *Afallenau* ont eu la chance unique de voir leur version originale, pure d'additions apocryphes, conservée par le *Livre Noir de Caermarthen.* Mais combien d'autres pièces, interpolées avant d'être transcrites dans les seuls manuscrits qui nous restent, s'offrent aujourd'hui à nous, étouffées en quelque sorte sous les scories, déshonorées par l'impur alliage dont les faussaires ont souillé l'or des vieux bardes : alliage qui les fait rejeter tout entières comme supposées, encore qu'elles puissent avoir retenu çà et là des parties originales. Qu'il en soit ainsi, nul doute : mais comment faire le départ entre les précieux débris de l'œuvre primitive et la clincaille apocryphe ? Le plus souvent c'est fort difficile, la conjecture a toujours là une grande part. Parfois pourtant la différence de ton, de caractère, entre les diverses parties d'une même pièce est tellement tranchée, qu'il n'y a pas témérité à se prononcer.

Nous allons faire un essai de ce genre sur la plus célèbre des six pièces attribuées à Merlin dont il nous reste à parler. On la nomme en gallois *Kyvoësi Myrddin* (chronologie de Merlin[57]), ou plus simplement *Dialogue de Merlin et de Gwendyz.* Gwendyz, en effet est censée mettre à profit la faculté prophétique de son « illustre frère jumeau » pour se faire prédire par lui toute la suite chronologique des rois bretons jusqu'au jour de l'extermination finale, « où le ciel tombera sur la terre » (strophe 111). Il s'ensuit, sous forme de colloque, une série intermi-

---

[57] Voir Skene, *The Four ancient Books of Wales,* II, p. 423-424.

nable de 131 stances[58], presque toutes des tercets, quelques-unes des quatrains, sur lesquelles les écrivains gallois se sont beaucoup exercés.

M. Stephens, voyant que la série des rois bretons des VIe et VIIe siècles donnée par Geoffroy de Monmouth diffère notablement de celle qui se trouve dans le *Kyvoësi*, conclut de là l'antériorité de cette pièce, dont il place la composition au XIe siècle. Mais le *Kyvoësi* mentionne et loue «le fils d'Henri», c'est-à-dire Robert, comte de Gloucester, mort en 1147 (strophes 67, 68, 69) : il est donc, pour cette partie au moins, du XIIe siècle et contemporain de Geoffroy, qui dédia lui-même son *Histoire des rois de Bretagne* à ce comte de Gloucester[59].

M. Skene prétend reconnaître trois époques et quatre parties dans le *Kyvoësi* : le commencement et la fin de la pièce (strophes 1 à 26 et 102 à 131) seraient pour lui la composition originale, datant du VIIe siècle ; les strophes 27-65 eussent été interpolées vers 950, sous le règne d'Hoël Da, et le reste (strophes 66-101) au XIIe siècle[60]. Les motifs à l'appui de cette opinion sont peu solides ; il est surtout impossible — on le verra tout à l'heure — d'accepter comme originales les 26 premières strophes.

À nos yeux, si l'on excepte les quinze dernières stances (117 à 131) dont nous parlerons plus loin le *Kyvoësi* est une insipide rapsodie chronologique fabriquée au XIIe ou au XIIIe siècle par un barde pédant qui avait sous les yeux Nennius, Geoffroy de Monmouth, Caradoc de Lancarvan, et qui, pillant sans intelligence ces diverses sources, ajoutant çà et là des noms et des strophes énigmatiques pour colorer son pastiche, a substitué à presque toute la pièce originale de Merlin une chronologie versifiée, analogue, mais inférieure, aux quatrains de l'histoire de France de M. Le Ragois. — On va en juger.

---

[58] C'est le nombre des stances du *Kyvoësi* dans l'édition de Skene, faite sur le *Livre Rouge d'Hergest*, le plus ancien manuscrit où se trouve ce poème. Dans l'édition du *Myvyrian*, faite sur une copie plus récente, le nombre des strophes monte à 141, et l'ordre en est différent.

[59] Stephens veut voir là une interpolation, mais il n'en donne point de preuve ; de plus, il raisonne d'après l'ordre où sont rangées les stances du *Kyvoësi* dans le *Myvyrian*, mais l'ordre primitif, fourni par le *Livre Rouge d'Hergest*, diffère beaucoup (V. *Literature of the Kymry*, 1876, p. 206).

[60] Skene, *The Four ancient Books of Wales*, I, p. 237.

XII
DIALOGUE DE MERLIN ET DE GWENDYZ[61]
(KYVOESI MYRDDIN)

9 GWENDYZ

Je demanderai à mon très renommé frère,
Intrépide dans la bataille :
Qui viendra après Ryderch ?

10 MERLIN

Comme Gwendoleu a été tué dans le massacre d'Arderyd
Et que je suis retiré au fond des bois[62],
Ce sera Morgant Maur, fils de Saturnin.

11 GWENDYZ

Je demanderai à mon très renommé frère,
Source de l'harmonie dans le pays des courants[63]
Après Morgant, qui régnera ?

12 MERLIN

Comme Gwendoleu a été tué dans le carnage d'Arderyd
Et que je m'étonnerais qu'on pût me découvrir,
Le cri du pays sera pour Urien.

13 GWENDYZ

Ta tête est de la couleur d'une gelée d'hiver,
Dieu te soulage dans tes nécessités !
Qui régnera après Urien ?

---

[61] Skene, *The Four ancient Books of Wales*, I, p. 463-464 ; II, 219-220.
[62] «Among the furze» porte la traduction de Skene, littéralement : «parmi les genêts épineux.»
[63] «The fosterer of song among the streams,» trad. Skene. Le texte gallois porte : «Kerglyt hyt lliant.» Skene, II, 219.

Le ciel m'a apporté une lourde affliction,
Je suis malade au dernier degré.
Maëlgoun Hir régnera sur le pays de Gwyned.

15 GWENDYZ

La pensée de quitter mon frère fait sécher
Mon cœur et flétrit ma joue sillonnée de rides.
Maintenant, après Maëlgoun, qui régnera.

16 MERLIN

Run est son nom, impétueux dans le combat ruisselant,
Combattant à l'avant-garde de l'armée :
Malheur à la Bretagne en ce jour !

Ainsi du reste, tous les tercets de Gwendyz se terminent par cette question :
Qui régnera ensuite ? Et le tercet de Merlin est la réponse. Cet extrait suffit : il
nous montre la structure de cette poésie mécanique, il nous permet aussi de
contrôler l'opinion de M. Skene sur l'authenticité des 26 premières strophes de
la pièce.

On a remarqué, aux stances 10 et 12, la mention très affectée de la bataille
d'Arderyd et de la mort de Gwendoleu dans cette journée : fait démenti par Merlin lui-même dans la strophe 7 de la version authentique des *Afallenau* : première
objection par conséquent contre l'authenticité de cette partie du *Kyvoësi*. Ce
n'est pas tout. Les quatre premiers rois de cette chronologie versifiée sont rangés
ainsi : Ryderch Morcant, Urien, Maëlgoun.

Ryderch-Haël, dont il s'agit ici, régna à Alcluyd, c'est-à-dire dans la région la
plus septentrionale de la Bretagne ; Morcant et Urien dans la partie de l'île comprise entre la Clyde et la Dee, et Maëlgoun, au contraire, au sud de la Dee, dans
le pays de Gwyned, l'un des principaux royaumes de la Cambrie : régnant sur
des territoires divers, comment peut-on venir nous dire que ces princes se sont
succédé les uns aux autres ? Plaçons d'ailleurs cette partie du *Kyvoësi* en face du
témoignage d'une chronique du VIIᵉ siècle, dite les *Généalogies Saxonnes*, d'une
autorité incontestable, et qui porte :

« Ida, fils d'Eobba occupa les régions septentrionales de la Bretagne au nord
de l'Humber, et régna douze ans (547 à 559). En ce temps Dutigern combattait

vaillamment contre les Angles… Le roi Maëlgoun le Grand régnait sur les Bretons du pays de Gwyned[64]…»

Et après avoir mentionné les noms des fils d'Ida qui régnèrent de 560 à 592, cette chronique ajoute:

«Contre eux combattirent quatre rois (bretons), Urien, Ryderch-Hen, Guallauc et Morcant. Contre Deodric (l'un des fils d'Ida), Urien avec ses fils luttait vaillamment. Il fut égorgé (en trahison) à l'instigation de Morcant, jaloux de ce qu'il surpassait de beaucoup dans l'art de guerre tous les autres rois[65].»

Ici le règne de Maëlgoun est lié à l'époque de Dutigern et d'Ida (547-559), antérieur par conséquent aux fils d'Ida et aux quatre rois bretons leurs antagonistes: d'où, première erreur grossière à la charge du *Kyvoësi* qui ne fait régner Maëlgoun qu'après ces quatre rois.

De la façon dont ces quatre rois sont nommés dans les *Généalogies Saxonnes*, ils sont donnés comme contemporains; si l'un d'eux doit passer avant les autres, soit pour le temps, soit pour la puissance, c'est sans contredit Urien, nommé le premier et célébré comme le plus habile dans l'art de la guerre, ce qui induit naturellement à voir en lui le chef d'une ligue de Bretons du nord contre les Anglo-Saxons. Le *Kyvoësi* brouille tout cela: de ces rois contemporains, régnant simultanément sur des territoires divers, il fait des possesseurs successifs d'un même trône et met Urien le dernier, même après Morcant, alors que l'accusation portée contre ce dernier d'avoir fait assassiner Urien prouve du moins — fondée ou non — qu'il lui survécut.

En poursuivant sur le *Kyvoësi* cet examen critique, nous arriverions toujours au même résultat. Quelques notions vraies, prises à diverses sources, déformées ou altérées par maladresse, noyées dans des fantaisies, des fables, des images bizarres, des idées incohérentes, sous lesquelles on s'imaginait reproduire le génie étrange du prophète barde, — voilà ce qu'on y trouve partout, sauf dans les quinze dernières strophes auxquelles nous venons tout à l'heure. Nous ne voyons vraiment aucun motif pour distinguer diverses époques dans cette en-

---

[64] Ida filius Eobba tenuit regiones in sinistrali parte Brittanniæ, id est Umbri maris, et regnavit annis duodecim… Tunc Dutigirn in illo tempore fortiter dimicabat contra gentem Anglorum… Mailcunus Magnus rex apud Brittones regnabat i. e. in région Guenedotæ.» (Nennius, édit. Stevenson, p. 52.)

[65] «Contra illos (filios Idæe) quatuor reges, Urben et Riderch-hen et Guallauc et Morcant, dimicaverunt. Deodric contra illum, Urbgen cum filiis dimicabat fortiter… et dum erat in expeditione jugulatus est, Morcanto destinante pro invidia, quia in ipso præ omnibus regibus virtus maxima erat in instauratione belli.» (Id. *Ibid.*, p. 53) — Il semble très douteux que le Ryderch-Hen (Ryderch l'Ancien) ici mentionné soit le même que le Ryderch-Haël (Ryderch le Généreux) des *Afallenau*, des *Hoianau*, et de la *Vie de S. Kentigern*; voir ci-dessous § XXVIII.

nuyeuse marqueterie pseudo-historique; aussi l'attribuons-nous tout entière à la date naturellement indiquée par les personnages les plus récents qu'on y trouve c'est-à-dire au XIIe siècle.

Quand aux quinze dernières strophes, avant de nous en expliquer, il faut les citer[66] :

117 GWENDYZ

Hélas ! mon bien-aimé, quelle froide séparation
Quand viendra le tumulte [de la mort],
Quand un souverain brave et sans peur
T'enfermera sous terre !

118 MERLIN

Le vent du ciel dispersera
Toutes les pensées téméraires, qui trompent si l'on s'y fie.
La prospérité, jusqu'au jugement, est certaine.

119 GWENDYZ

Séparée de toi, qui as été si tendrement nourri,
Ne resterai-je pas sans consolation ?
Un délai sera une bonne chance, s'il est consacré
À louer Celui qui ne dit que vérité.

120

Lève-toi donc de ta retraite, et explique
Sans crainte les livres dictés par l'inspiration,
Les discours de la jeune fille et les visions du sommeil.

121 MERLIN

Morgheneu est mort, mort aussi Kyvrenin
Morial. Le rempart de la bataille, Morien est mort.
Les plus lourdes peines, Merlin, pèsent sur ta destinée !

---

[66] Skene, *The Four Books*, I, 476-478 ; II, 232-233.

Le Créateur m'impose une pesante affliction.
Morgheneu est mort, Mordaf est mort,
Morien est mort : je veux mourir !

123 GWENDYZ

Mon frère unique, ne vous fâchez pas contre moi :
Depuis la bataille d'Arderyd je suis malade[67].
Je ne cherche que l'instruction,
Et je vous recommande à Dieu.

124 MERLIN

Moi aussi je te recommande
Au roi de toutes les créatures,
Blanche Gwendyz, l'asile de la poésie.

125 GWENDYZ

La poésie s'est trop longtemps arrêtée
À poursuivre la gloire universelle à venir :
Plût à Dieu qu'elle fût déjà oubliée.

126 MERLIN

O Gwendyz, ne t'irrite pas.
Le fardeau n'a-t-il pas été confié à la terre[68] ?
Chacun doit abandonner ce qu'il aime.

127 GWENDYZ

Tant que je vivrai je ne t'oublierai pas ;
Jusqu'au jugement je te porterai dans mon cœur.
Ta fosse est la plus lourde de mes calamités.

---

[67] C'est, dit-on, à la journée d'Arderyd qu'avait péri le fils de Gwendyz, dont Merlin, dans les *Afallenau* (strophe 6) se reproche d'avoir causé la mort, sans doute parce qu'il l'avait entraîné dans cette batille. — Si la journée d'Arderyd est ici rappelée, notez au moins qu'il n'est plus question de Gwendoleu, tandis que, dans la partie chronologique du *Kyvoësi*, le nom d'Arderyd revient trois fois (strophe 10, 12, 34), toujours avec la mention de la prétendue mort de Gwendoleu.
[68] Allusion à la mort et à l'inhumation du fils de Gwendyz.

Rapide est le coursier, libre le vent ;
Mon frère est sans reproche : je le recommanderai
À Dieu, le monarque suprême.
— Participe à la communion avant de mourir !

129 MERLIN

Je ne recevrai point la communion
De moines excommuniés
Dont les manteaux descendent jusqu'aux hanches.
Veuille Dieu lui-même me donner la communion !

130 GWENDYZ

Je recommanderai mon frère
Qui est sans reproche dans la Cité suprême :
Puisse Dieu prendre soin de Merlin !

131 MERLIN

Je recommanderai ma sœur
Qui est sans reproche dans la Cité suprême :
Puisse Dieu prendre soin de Gwendyz !

Quoique ces strophes ne soient point sans obscurité, nous sommes là évidemment dans un ordre de sentiments et d'idées tout différent de celui d'où a pu sortir la plate chronologie versifiée dont le denier effort est de ramener, tellement quellement, au bout de chaque couplet cette sempiternelle question : Qui régnera ensuite ? De la lourde atmosphère du pédantisme nous remontons ici dans le monde ailé de la poésie. Au lieu d'une méchante leçon d'histoire, c'est une poignante élégie sur les souffrances et la vieillesse de Merlin. Le moindre sentiment littéraire suffit pour faire voir que cette élégie et la chronologie qui précède ne peuvent être du même auteur. L'élégie est tout à fait dans le ton de Lywarch-Hen et des bardes du VIe siècle : si elle n'est de Merlin, elle est de Gwendyz qui était poète aussi (voir strophe 124), et peut-être de tous les deux.

Quelle circonstance put déterminer un rimeur pédant du XIIe siècle à coller sur cette élégie touchante sa lourde chronologie, dont l'insensé développement a presque fini par supprimer la pièce primitive ? En l'état actuel on ne le peut dire ; on ne pourrait faire que des hypothèses qui, manquant de base suffisante, seraient sans intérêt. Du moins retrouve-t-on certainement, dans diverses strophes du début, des fragments de la pièce primitive, restés là comme des témoins de l'œuvre de destruction accomplie par l'interpolateur. Ainsi, dans les strophes 13, 14, 15, citées plus haut, on trouve ces vers :

«Gwendyz. — Ta tête est de la couleur d'une gelée d'hiver, Dieu te soulage dans tes nécessités!

Merlin. — Le ciel m'a apporté une lourde affliction; je suis malade au dernier degré.

Gwendyz. — La crainte de quitter mon frère fait sécher mon cœur et flétrit ma joue sillonnée de rides.»

Si de ces vers de la strophe 15 on passe à ceux de la strophe 117, le sens se suit parfaitement, on est dans le même courant d'idées et de sentiments. Il est donc probable que la pièce originale était beaucoup plus courte et avait le caractère d'une élégie sur les souffrances, la vieillesse et la maladie de Merlin.

XIV

Dans la version authentique de la pièce des *Pommiers*, Merlin (on l'a vu plus haut, § III) lance par deux fois cette étrange apostrophe : « *Oian a porchellan!* Écoute, petit pourceau!» (strophes 1 et 4.) Immédiatement après cette pièce, le *Livre noir de Caermarthen*, en contient une autre, attribuée à Merlin et composée de vingt-cinq stances, dont chacune débute par ce singulier appel : *Oian ou Hoian a porchellan.* C'est ce poème qu'on appelle les *Hoianau*[69], c'est-à-dire « *Les Ecoutez!*» et parfois aussi «les Petits pourceaux» ou le «Chant des pourceaux».

Au temps déjà éloigné où l'on prétendait trouver dans les poèmes bardiques la doctrine celtique des druides, on s'expliquait sans difficulté le goût prononcé de Merlin pour la race porcine. Le sanglier, disait-on, souvent figuré sur les médailles gauloises, est le symbole des druides; les petits pourceaux ou marcassins représentent leurs disciples. Cette explication n'étant plus de mise, M. Stephens n'hésite pas à conclure que, dans les pièces attribuées à Merlin, le pourceau figure le peuple kymro-breton[70]. De son côté, dans son *Myrdhin*, M. de la Villemarqué dit :

«Après avoir représenté très probablement chez les Celtes un certain culte national, et figuré plus tard les derniers druides et leurs disciples, le sanglier et ses petits étaient devenus, au moyen âge, la figure de la race bretonne, chefs et peuple. Cette curieuse transformation est un fait pleinement démontré par les textes. L'historien du duc Jean le Conquérant l'explique ainsi :

«Les Bretons se font un devoir de vivre en bon accord et de s'aimer jusqu'à mourir les uns pour les autres; de là vient qu'on les appelle communément, sans vouloir les injurier, des *sangliers* : les *sangliers*, en effet, ont un tel instinct d'union que quand l'un pousse un cri, tous les autres accourent[71]. »

Le texte de ce passage, écrit vers 1380 par Guillaume de Saint-André, écolâtre de Dol, en voici les termes mêmes, plus curieux encore que la traduction de M. de la Villemarqué :

> Car les Bretons, très bien le sçay,
> S'entredoivent tous d'un accord

---

[69] *Hoianau* est la forme plurielle d'*Hoian.*
[70] *Literature of the Kymry*, éd. 1876, p. 239 et 270.
[71] *Myrdhin ou l'enchanteur Merlin*, p. 256-257.

Amer et craindre (*sic*) jucque à la mort.
Pour ce sont ils en general
Nommez *pourceaulx*, non pas à mal,
Car *pourceaulx* telle nature ont,
Quand l'un fort crie, les autres vont
Tous ensemble pour l'aider ;
Il ne faut point les en prier[72].

Le mot propre a fait peur à M. de la Villemarqué. Il a déguisé en sangliers les pourceaux de Guillaume de Saint-André et de même, à la page suivante, les petits pourceaux de Merlin en marcassins. Pour nous, n'ayant pas le pouvoir d'opérer de pareilles métamorphoses, nous laisserons aux pourceaux leur vrai nom, — dont l'application emblématique nous semble assez à l'hon-neur de la race bretonne — et nous rechercherons si les *Hoianau*, attribués à Merlin, sont de lui ou non.

---

[72] *Chronique de Jean le Vaillant, duc de Bretagne*, édit. Charrière, à la suite de la *Chronique de Bertrand du Guesclin*, par Cuvelier, t. II, p. 436-437 ; cf. Lobineau, *H. de Bret.* , II, 695 et D. Morice, *Preuves*, II, 310.

Sur cette question la réponse de M. Skene, comme celle de Th. Stephens, est entièrement négative. À considérer la pièce dans l'état actuel, on ne peut guère avoir un autre avis : il n'y a peut-être pas une de ses vingt-cinq strophes qui ne porte de façon ou d'autre, la trace d'une interpolation ou d'une fabrication très postérieure à Merlin.

Il ne faut cependant rien forcer. M. Stephens veut trouver, dans l'une des strophes (la 7ᵉ), la mention d'un désastre subi dans le pays de Galles, en 1211, par le roi d'Angleterre Jean sans Terre ; dans une autre strophe (la 11ᵉ), une allusion à deux personnages[73] vivant vers 1220 ; enfin il attribue la composition de ce poème à un barde (Lywarch ab Lywelyn[74]) qui florissait à la même époque[75]. Mais le *Livre noir de Caermarthen* qui renferme les *Hoianau* étant unanimement tenu pour un manuscrit du XIIᵉ siècle, ni la composition de cette pièce, ni les mentions ou allusions qu'elle referme, ne peuvent —comme M. Skene l'a remarqué[76]— se rapporter au siècle suivant.

L'idée de voir dans le poème actuel l'œuvre d'un seul barde, une œuvre coulée d'un seul jet et sortie d'un seul cerveau, cette idée de M. Stephens nous semble difficile à admettre en présence du décousu de cette pièce et des allusions de dates très diverses qui s'y rencontrent. Ainsi on lit dans la strophe 14 :

> Quand les Normands viendront sur le large lac,
> Il y aura un choc d'armées ;
> La Bretagne sera soumise à de nobles écuyers
> Et Londres expiera ses fautes[77], —

Il est difficile de ne pas voir là une allusion au débarquement de Guillaume le Conquérant en Angleterre, en 1066. La strophe 11ᵉ porte :

---

[73] Rys Gryg et Meredyd, fils de Rys ab Gruffyz, prince de South-Wales. Rys Gryg se maria en 1219 et mourut en 1233. (Rob. Williams, *Eminent Welshmen*, p. 446.)

[74] Lywarch, fils de Lywelyn (*ab* pour *mab*, fils) ; ce barde florissait de 1200 à 1220.

[75] Voir Stephens, *Literature of the Kymry*, éd. 1876, p. 244, 250, 265.

[76] *The For Books of Wales*, I, p. 222.

[77] Voir Stephen, *Literature of the Kymry*, 1876, p. 251. Ce passage n'est que dans la version du *Myvyrian*.

Écoute, petit pourceau! ne laisse pas échapper un souffle
Quand l'armée de guerre sortira de Caermarthen
Pour soutenir, dans l'intérêt de la cause commune, deux rejetons
De la lignée de Rys, le support de la bataille, le belliqueux chef de nos
armées[78].

Il s'agit ici de Rys ab Tewdwr, roi de South-Wales, mort en 1090, à l'âge de quatre-vingt-douze ans, tombé —après de glorieux exploits— dans une lutte inégale contre les Anglo-norm-ands. Ses deux fils, Gruffyz et Howel, obligés de fuir en Irlande, en revinrent en 1113 et reconquirent leur patrimoine: c'est ce retour, cette vaillante expédition qui est mentionnée ici. — De même, de l'aveu de M. Stephen, la 5e strophe fait allusion à l'arrivée dans la Démétie (aujourd'hui comté de Pembroke) d'une colonie militaire de Flamands, envoyés là pour tenir en bride les Cambriens: cet établissement[79] est aussi de l'an 1113.

D'autre part, dans la strophe 25, il est question de la mort du roi Henri Ier (en 1135); dans la 4e, de la conquête de l'Irlande par le cinquième des «souverains normands», c'est-à-dire par le roi Henri II Plantagenet, en 1172; dans la 1re et dans la 7e, des exploits de Lywelyn ab Iorzerth[80], l'un des plus glorieux princes cambriens, qui commença de régner dans le pays de Gwyned en 1194. Nous pourrions multiplier les exemples: ceux-ci suffisent. Il est évidemment impossible que des mentions et des allusions relatives à des époques aussi différentes, aussi éloignées entre elles soient l'œuvre du même temps et du même poète.

Force nous est donc d'admettre l'existence d'un poème primitif des *Hoianau*, œuvre de Merlin, envahi aux XIe et XIIe siècles par des interpolations successives qui, s'étendant de proche en proche, d'une strophe à l'autre, ont fini par dévorer

---

[78] Skene, *Four Books*, I, 486 et II, 24. — Dans une notice publiée par *l'Archæologia Cambrensis* en juillet 1864, et reproduite au t. II des *Four ancient Books of Wales* (p. 318), M. Skene cite et traduit le second de ces quatre vers ainsi: «When *thou hearest my voice* from Caermarthen», d'après le texte du *Myvyrian* qui porte: «Ban *glyw yn blavar o* Gaerfyrddin», et il en conclut que les *Hoianau* auraient été, en tout ou en partie, composés à Caermarthen, dans le couvent des chanoines réguliers d'où provient le manuscrit appelé le *Livre Noir*. Mais le texte de ce vers, tel qu'il est écrit dans le *Livre Noir* et publié dans le même volume de M. Skene (p. 24), diffère beaucoup de celui du *Myvyrian*; il porte: «Ban *Kyhuin llu aer o* Kaer wyrtin», ce que M. Silvan Evans, dans le t. Ier des *Four Books of Wales* (p. 486), traduit: «When *the host of war marches* from Caermarthen», — traduction que nous suivons dans la nôtre et qui coupe court à l'hypothèse de M. Skene sur le lieu d'origine des *Hoianau*.

[79] Voir le *Brut y Tywysogian* (Histoire des Princes) ou *Chronique de Gwent*, attribuée à la Caradoc de Lancarvan, traduction d'Aneurin Owen, p. 96-99 et 100-1012.

[80] Voir Skene, *Four of Books Wales*, I, 483 à 485, et II, 21 à 23, et Stephens *Literature of the Kymry*, 186, p. 236 à 245.

et détruire la pièce entière, — à peu près comme un lierre vigoureux cramponné sur un vieux chêne se glisse de branche en branche, étouffant le feuillage de l'arbre sous sa propre frondaison et bientôt l'arbre lui-même.

Un caractère très marqué et qui, dans l'état actuel, dénote au premier coup d'œil le triomphe général de l'interpolation, c'est la couleur cambrienne de toute la pièce. Tous les noms de lieux appartiennent au pays de Galles, toutes les mentions et allusions saisissables se rapportent à son histoire. Caractère impossible si la pièce était de Merlin, puisque ce barde appartenait, non au pays de Galles, mais à la Bretagne du nord située entre les deux murs romains, du golfe de Solway à la Clyde. Un des interpolateurs a entrevu cette difficulté, et pour maintenir avec quelque vraisemblance l'attribution de ce poème à Merlin, il y a inséré quelques noms rappelant les Bretons du nord, entre autres, celui de Ryderch roi d'Alcluyd, ramené dans les trois strophes (1, 10, 12) avec une affectation et une monotonie maladroites, et aussi (strophe 17) la mention prophétique, fort mal placée, de la bataille d'Argoëd Lwyfein[81].

Enfin, sous toutes ces inventions, additions et interpolations de nature diverse, nous ne croyons pas impossible de retrouver quelques débris, bien faibles sans doute, cependant assez caractérisés, du poème original.

Voici d'abord un trait qui ne peut appartenir aux fabricateurs des XIe et XIIe siècles, et nous reporte à la composition primitive. Il est question dans ce poème (strophes 3 et 25) de la bataille d'Arderyd et du roi Gwendoleu, et non seulement on ne nous donne pas ce roi comme tué dans cette bataille, on nous le montre vivant et florissant. Or, au pays de Galles, au XIIe siècle, par tous les fabricants de triades, de poèmes apocryphes et autres documents pseudo-historiques, la mort de Gwendoleu à la bataille d'Arderyd était un article de foi si essentiel que l'auteur de la chronologie rimée du *Kyvoësi*, dont nous avons parlé, le formule et l'affirme jusqu'à trois fois en le mettant audacieusement dans la bouche de Merlin, qui lui, au contraire, dans ses poèmes authentiques, comme les *Afallenau* (version du *Livre Noir*) et le *Dialogue avec Taliésin*, nous montre Gwendoleu survivant à la journée d'Arderyd, et n'établit même entre ce prince et cet événement aucun rapport. Donc, contradiction formelle sur ce point entre la doctrine des interpolateurs et celle de Merlin. Dans les *Hoianau* c'est cette dernière qui prévaut : ce trait est donc bien de l'auteur primitif, non des interpolateurs.

De ce trait certainement original, ancien, nous croyons pouvoir rapprocher quelques autres fragments qui nous paraissent antérieurs aux interpolations.

---

[81] Selon M. de la Villemarqué, ce combat fut livré contre Ida, c.-à-d. avant 560 ; et selon M. Skene, contre Théodoric, l'un des fils d'Ida, qui régna de 572 à 579.

Nous allons les présenter ensemble afin qu'on puisse juger de leurs analogies, en ayant soin d'indiquer les stances d'où ils proviennent.

XVI
LE CHANT DES POURCEAUX[82]
(*HOIANAU* OU *PORCHELLANAU*)

3

Écoute, petit pourceau ! J'ai de la peine à dormir
À cause de l'agitation que me donnent mes chagrins.
Pendant dix ans et quarante encore j'ai beaucoup souffert ;
La joie que j'ai maintenant me fait mal.
Puisse Jésus me donner la vie, lui le plus digne de confiance
Des rois du ciel, et qui est du plus haut lignage.
J'ai vu Gwendoleu tout chargé des dons précieux des princes,
Cueillant du butin à tous les bouts du pays.
Il n'est pas encore sous le vert gazon[83],
Le chef des souverains du nord, le plus affable de tous !

10

Qu'importe à Ryderch, dans sa fête, cette nuit,
Que j'aie passé la nuit dernière sans dormir,
De la neige au-dessus du genou — grâce à la prudence du chef !
Et des aiguilles de glace dans les cheveux ? Que mon sort est triste !

15

Écoute, petit pourceau ! La montagne n'est-elle pas verte ?
Mon manteau est mince ; pour moi plus de repos ;
Pâle est mon visage : Gwendyz ne vient plus me voir !
Quand les hommes de Bernicie conduiront leurs armées sur le rivage,
Les Kymrys seront vainqueurs, et ce sera un glorieux jour !

19

Comme les Saxons se vantent haut de leur querelle

---

[82] Voir Skene, *Four ancient Books of Wales*, I, p. 483, 485 et 487 à 490, et II p. 21-22, et 24 à 28.
[83] C'est-à-dire dans le tombeau.

Contre les généreux Bretons, fils de la peine!
Moi je prédis qu'avant la fin
Les Bretons surmonteront les Saxons : les Pictes le disent[84].

20

Un enfant se lèvera et assurera le succès des Bretons.

24

Écoute, petit pourceau! Ce n'est pas mon dessein
De rester à entendre les oiseaux d'eau, dont les cris font grand tapage.
Mes cheveux sont clairsemés, mon vêtement n'est pas chaud.
Le vallon est mon grenier, mais mon blé est rare,
Ma récolte d'été me donne peu de satisfaction.

25

Depuis la bataille d'Arderyd, plus rien ne me touche,
Quand même le ciel tomberait et la mer déborderait!

M. Stephens trouve une preuve d'interpolation dans le sentiment chrétien exprimé par Merlin à la strophe 3 ; il oublie que ce sont précisément les fabricateurs et interpolateurs du XIIᵉ siècle qui ont répandu, amplifié, probablement inventé la légende de l'antichristianisme de Merlin. Si cette strophe était d'eux, elle serait nécessairement conforme à cette légende ; de ce qu'elle la contredit il y a lieu de la croire originale. Un sentiment tout aussi chrétien se trouve d'ailleurs exprimé dans la version authentique des *Afallenau* (dernier vers de la strophe 7).

Cette légende a dicté au contraire la strophe 12ᵉ et le commencement de la strophe 1ʳᵉ des *Hoianau*, où Merlin se représente comme poursuivi, pourchassé sans merci, lui et ses amis, par Ryderch, qualifié «le champion de la foi[85]», et

---

[84] «Brithon dros Saesson, *Brithuir* de met.» — La traduction de M. Skene qui rend toujours *Brithuir* ou *Brithwyr* par Pictes, porte : «The Brython uppermost of the Saxons ; the *Picts* say it.» (Skene, *Four Books*, II, p. 26, et I, 488.)

[85] Voici ces deux passages des *Hoianau* :
1 — Ecoute, petit pourceau! heureux petit pourceau!
Ne creuse pas la terre avec ton groin sur le sommet de la montagne,
Va fuir à l'écart dans la forêt,
De peur des chiens de chasse de Ryderch Haël, le champion de la foi (*ruyfadur fit*).
12 — Ecoute, petit pourceau! pourceau béni du pays!
Ne dors pas tard le matin, ne laboure pas de ton grouin les terres fertiles,
De peur que Ryderch Haël et ses limiers subtils ne viennent [te poursuivre],

c'est pourquoi nous n'hésitons pas à tenir ces deux stances pour interpolées. Si nous inclinons à regarder la 10ᵉ comme originale, c'est justement parce que, tout en supposant entre Merlin et Ryderch une mésintelligence constatée d'ailleurs dans les *Afallenau* (version authentique, strophe 5ᵉ), elle ne donne point au roi d'Alcluyd ce rôle de persécuteur religieux, qui ne résulte d'aucun document certain.

Par la mention de Gwendyz telle qu'elle y est faite, par celle de la Bernicie qui nous ramène aux Bretons du nord, la strophe 15 des *Hoianau* est tout à fait dans le ton et dans le sentiment des strophes 5, 7 des *Afallenau*, et de la partie finale du *Kyvoësi*.

La mention des Pictes dans la strophe 19 et l'importance qu'on leur donne ne peuvent être du XIIᵉ siècle, époque où ils avaient disparu comme peuple et où un chroniqueur des plus soigneux les déclarait détruits eux et leur langue[86].

L'unique vers retenu par nous de la strophe 20 des *Hoianau* rappelle tout à fait l'enfant illustre dont les *Afallenau* annoncent l'avènement.

La strophe 24 concorde avec la strophe 15, dont elle est la suite et le développement.

Dans la strophe 25, l'impression d'horreur causée au barde par le seul souvenir de la bataille d'Arderyd répond d'une manière frappante au sentiment exprimé par lui au début de son dialogue avec Taliésin : « Quel malheur pour moi ! ah ! quel malheur ! Affreux, tumultueux était le carnage ! » Etc. — En outre, la mention de cette journée, rapprochée de la strophe 3 où nous voyons Gwendoleu vivant après cette bataille, est, nous l'avons dit, la trace la plus caractéristique, la preuve la plus concluante de l'existence d'un texte antique et authentique des *Hoianau*, sur lequel se sont greffées, en l'étouffant, toutes les interpolations et additions qui remplacent aujourd'hui presque entièrement la pièce primitive.

Sur ce poème des *Hoianau* notre opinion diffère donc de celle de MM. Skene et Stephens.

Ces deux ingénieux critiques voient là une œuvre purement apocryphe, composée de toutes pièces par un ou plusieurs faussaires et mise gratuitement sous le nom de Merlin.

Et ne fassent couler ta sueur avant que tu aies gagné la forêt.
(Skene, *Four Books*, I, 482 et 486 ; II, 21 et 24.)

[86] Henri de Huntingdon, qui écrivait vers 1135, après avoir rapporté le passage où le vénérable Bède dit qu'on parlait cinq langues dans l'île de Bretagne, le breton, le latin, la langue des Angles, celle des Scots et celle des Pictes, ajoute immédiatement cette réserve : « Quamvis Picti jam videantur deleti, et lingua eorum omnino destructa, ut jam fabula videatur quod inveterum scriptis eorum mentio invenitur. »

Nous croyons, nous, sous cette couche apocryphe retrouver, dans quelques traits originaux échappés aux falsificateurs, la preuve de l'existence d'une œuvre primitive, attribuable à Merlin, mais presque entièrement détruite et remplacée par le travail des faussaires : car sur 214 vers dont se compose la pièce, à peine en peut-on maintenant revendiquer vingt à trente au nom du premier auteur.

En théorie, nous nous écartons de deux critiques anglais ; en fait, de leurs conclusions aux nôtres la distance est faible.

Le poème d'Yscolan, le plus court des huit attribués à Merlin, n'est pas le moins difficile à entendre et a donné lieu à des interprétations qui nous semblent erronées. Plaçons tout d'abord cette pièce sous les yeux du lecteur.

YSCOLAN[87]

1

Noir est ton cheval, noire ta cape,
Noire ta face, noir toi-même,
Oui, tout noir! Est-ce toi, Yscolan?

2

Je suis Yscolan, le savant;
Légère est ma raison couverte de nuages.
Ce n'est pas un malheur irrémédiable d'avoir offensé le Souverain (ou le Seigneur).

3

Pour avoir brûlé une église, tué les vaches d'une école,
Pour avoir jeté un livre à l'eau,
Ma pénitence est bien lourde.

4

Créateur des créatures, de tous les protecteurs
Toi le plus grand, pardonne-moi ma faute!
Celui qui t'a trahi m'a trompé.

5

Pendant une année entière, j'ai été placé,
À Bangôr, sur le pieu d'une pêcherie:

---

87 Skene, *Four ancient Books of Wales*, I, p. 518, et II, p. 42.

Songe à ce que m'ont fait souffrir les vers de mer!

6

Si j'avais su ce que je sais maintenant,
Comme le vent souffle à l'aise dans la cime ondoyante des arbres,
Jamais je n'eusse fait ce que j'ai fait.

Nous suivons dans cette traduction celle de M. Silvan Evans, imprimée au tome I des *Four Books of Wales* de M. Skene[88]; mais les deux derniers vers de la seconde stance ont reçu, en France et en Angleterre, de leurs divers traducteurs, des interprétations différentes qui méritent d'être relevées.

Dans une note du tome II des *Four Books* (page 318), M. Skene les traduit ainsi: «Légère est la science scotique d'Yscolan. — Hélas! ce qui était au Souverain (ou au Seigneur) n'était pas à moi[89].»

Traduction de M. Stephens: «Légère est ma science scotique. — Mon chagrin est incurable d'avoir poussé le souverain à s'offenser contre toi[90].»

M. de la Villemarqué, en 1867, traduit ainsi la stance tout entière: «C'est moi Yscolan, le savant, — à l'esprit prompt, l'Ecossais. — Malheur au néant qui brave le Seigneur[91]!» en 1862, il avait traduit un peu différemment le dernier vers: «Je plains la faible créature qui s'élève contre le Seigneur[92].»

---

[88] La traduction des anciens bardes gallois, publiée dan le t. Ier des *Four ancient Books of Wales*, est due en effet à deux savants Gallois, MM. Silvan Evans et Robert Williams. Voir à ce sujet le catalogue du 1er mai 1879 du célèbre libraire Bernard Quaritch, p. 1519, note sur le n° 14 805.

[89] «Fickle his Scottish Knowlegde, — Alas! that there was not to me what the Gwledig had.» — Le texte gallois de ces deux vers, dans le *Livre Noir*, porte:
«Yscawin y puill iscodic.
Guae ny baut agaut gulden.»

[90] «Light is my Scottish knowledge; — My grief is incurable for making the ruler take offence at thee.» (*Literature of the Kymry*, 1876, p. 331.) Stephens donne ainsi, en note, le texte de ces deux vers, tiré du *Myvyrian*:
«Ysgafn ei bwyll ysgodic;
Gwae ai bawt a gawt gwledic.»
Mais M. Evans reproche à Stephens d'avoir remplacé la négative *ny* par *ai*, dans ce dernier vers (voir *Four Books of Wales*, II, 347).

[91] *Barzaz-Breiz*, 6e édit. (1867), p. 349.

[92] *Myrdhin ou l'enchanteur Merlin* (1862), p. 67.

XVIII

Depuis l'ouvrage d'Edward Davies sur la *Mythologie des Druides*, paru en 1809, on voit habituellement dans cette pièce un dialogue entre Merlin et saint Coulm-Kille ou Columba, l'un des apôtres de l'Écosse, où il vint d'Irlande en 563, et mourut en 597. Mais comment faut-il couper ce dialogue ? Là-dessus on n'est pas d'accord.

Davies et M. Stephens — qui, tout en regardant la pièce comme relativement moderne, adopte l'interprétation de Davies — n'attribuent à Merlin que la première stance et voient dans les cinq autres la réponse de saint Columba.

Suivant M. de la Villemarqué, qui deux fois s'est occupé de ce poème, saint Columba interpellé par Merlin lui répond brièvement dans la seconde strophe, mais dès la troisième, Merlin reprend la parole et la garde jusqu'à la fin.

Dans le premier système, saint Columba exprime à Merlin, représentant du druidisme, le regret d'avoir excité les princes contre lui, d'avoir attaqué les druides, leurs temples, leurs écoles, leurs livres ; il avoue même que sa « science scotique » — c'est-à-dire la science chrétienne qu'il a apportée d'Irlande — est bien légère.

Dans l'autre système — celui de Davies et de Stephens — a l'avantage de bien s'accorder avec la coupe et le texte de la pièce ; car rien n'indique dans ce texte que le premier interlocuteur, celui qui lance l'interpellation, reprenne ensuite la parole. D'autre part, en présence de ce que nous savons de saint Columba par les vies très détaillées et très authentiques qui nous restent de lui, le langage qu'il tiendrait ici, selon Stephen, est absolument inadmissible.

Le second système — celui de M. de la Villemarqué — par la manière dont il partage le dialogue, a l'inconvénient grave de ne pas s'accorder avec la coupe de la pièce.

Pour l'un et l'autre système, la 5e stance du poème est une pierre d'achoppement insurmontable : il est inadmissible que saint Columba, pour avoir combattu le paganisme, ait été, dans l'abbaye catholique de Bangôr, condamné à un an de pénitence ; également indicible que Merlin, qui jamais ne fut moine, ait accepté et subi pareille pénitence dans une abbaye quelconque.

Aussi sommes-nous persuadé, comme M. Skene, qu'il ne s'agit dans cette pièce ni de Merlin ni de saint Columba.

Il ne s'agit pas de Merlin, car Merlin n'est ni nommé ni désigné dans ce poème, qui ne lui est attribué que sur une hypothèse moderne sans fondement.

Pour trouver Columba dans Yscolan, on est réduit à scinder ce nom en *Ys Colan*, supposer que *Ys* signifie saint et *Colan* Columba. Ces deux noms ne sont nullement identiques, et *Ys* ne signifie saint dans aucune langue. Enfin, M. Skene démontre que, dans *Yscolan*, l'affixe n'est pas *Ys* mais *Y*, sorte d'article que les Gallois mettent devant les noms communs et les noms propres, comme *y-sbryd* (esprit), *y-scol* (école), *Y-Styffan* (Stéfan ou Étienne) : de même *Y-Scolan*[93]. Et, en effet, non seulement Scolan existe comme nom propre, mais on trouve au VIᵉ siècle, dans l'histoire des Bretons Cambriens, un personnage dont le nom a cette double forme, Scolan et Yscolan. Avant de torturer ce nom contre toutes les règles pour aboutir à une assimilation impossible, ne faut-il pas voir si cette pièce ne pourrait être applicable au personnage dont le nom s'y trouve en toutes lettres ?

---

[93] Skene, *The Four Books of Wales,* II, p. 319.

Ce personnage était un disciple de saint David ou Dewi, l'une des illustrations religieuses de la race cambrienne, fondateur du siège épiscopal de Ménévie. La plupart des auteurs anglais et gallois mettent sa mort vers 550; les *Annales Cambriæ* l'indi-quent en 601. Quoi qu'il en soit de cette divergence, saint David vécut dans le VIe siècle; avant d'être évêque, il avait fondé à Ménévie un monastère où il forma de nombreux disciples, dont plusieurs devinrent des saints. L'un d'eux, entre autres, nommé Aidan ou Aédan, après plusieurs années passées à Ménévie, alla fonder en Irlande le monastère de Gueruin.

Une nuit, dans la veille de Pâques, comme il était là en prière, une vision céleste lui fit connaître que le lendemain même son maître saint David serait en péril d'être empoisonné, et lui ordonna d'envoyer de suite à Ménévie un messager pour prévenir ce malheur.

—Mais, dit Aidan, je n'ai pas de barque, d'ailleurs le vent est mauvais.

—Envoie au bord de la mer, répondit l'ange, ton condisciple Scutin (*Scutinus*), je me charge de le faire passer dans l'île de Bretagne.

Scutin alla au rivage, entra dans l'eau jusqu'au genou, un cétacé lui offrit son dos et le porta en diligence sur la côte cambrienne. Le lendemain, jour de Pâques, il était à Ménévie juste au moment où David, sortant de l'office, rentrait au monastère pour dîner.

Scutin l'arrêta, lui fit connaître le complot tramé contre sa vie par trois de ses moines, le cuisinier, l'économe et le diacre qui servait David à table. La communauté étant au réfectoire, après la prière, le diacre se leva, posa sur la table de l'abbé le pain empoisonné; mais comme il allait lui en couper un morceau, «Scutin», dit l'ancienne *Vie* latine de saint David, «Scutin, que l'on nomme aussi *Scolan*, se leva et dit:

—Aujourd'hui aucun autre frère que moi ne servira notre père».

David alors prenant le pain vit une chienne à la porte du réfectoire et lui en jeta un morceau: la chienne creva sur-le-champ. Devant la fenêtre du réfectoire qui regardait le fleuve vers le midi, un frêne étendait ses branches, parmi lesquelles nichait un corbeau; David lança un autre morceau de ce pain à l'oiseau, qui y goûta à peine et tomba comme foudroyé. Puis le saint tailla un troisième morceau, le bénit, le mangea; ses moines stupéfaits, atterrés, restèrent trois heures à le veiller: il n'eut aucun mal[94].

---

94 Vit. S. Davidis, auctore Ricemarcho, dans W. Rees, *Cambro-British Saints*, p. 131.

Quant à Scolan, il ne retourna pas en Hibernie, car une *Vie de S. David*, écrite en gallois et qui peut être du XIIIᵉ siècle, raconte ainsi la rencontre de ce saint avec le messager d'Aidan : « Le jour de Pâques, à midi, il était près de son maître. Dewi, sortant de l'église où il avait dit la messe et prêché ses moines, vit tout à coup le messager et se rencontra avec lui au lieu même qui se nomme encore *Bed Yscolant* (la tombe d'Yscolan). Il le salua avec joie, lui prit les mains, lui demanda des nouvelles d'Aidan[95], etc. »

Ainsi le nom d'Yscolan s'était conservé dans la mémoire populaire avec le souvenir de l'épisode où il avait joué un rôle important, et le lieu de sa rencontre avec saint David resta pendant tout le moyen âge consacré par sa tombe même.

Cela posé, ne serait-il pas naturel de voir dans le poème d'Yscolan le commencement d'une pièce, où quelque barde du VIIᵉ siècle avait relaté la rencontre de ce personnage avec saint David et ce qui s'en était suivi ?

Le saint, ne s'attendant point à voir son disciple, le reconnaissant à peine sous ses traits vieillis et ses habits étrangers, s'écrie tout surpris :

— Est-ce toi, Yscolan ?

Le disciple, qui a commis de grandes fautes en Irlande — où sans doute il avait quitté le cloître pour reprendre l'existence du guerrier, — le disciple, touché à la vue de son premier maître, veut lui faire de suite sa confession ; ne va-t-il pas dans un instant lui en conter bien d'autres ? Auprès du complot d'empoisonnement les équipées d'Yscolan sont peccadilles faciles à pardonner. Aussi répond-il de suite avec une ironie qui porte sur lui-même :

— Oui, c'est moi, je suis Yscolan, le savant ! Mais la science que je rapporte d'Hibernie, le pays des Scots, est bien légère. Heureusement il y a pardon pour qui offense le Seigneur.

Puis il fait le détail de ses fautes, il dit la rude pénitence qu'il en a faite avant d'entrer dans le monastère d'Aidan, il dit son espoir en Dieu et son repentir.

Venait ensuite sans doute le récit du complot contre saint David et celui du miracle. Mais les chanoines réguliers de Caermarthen qui, selon M. Skene, transcrivaient ces poèmes, trouvèrent scandaleuse au premier chef l'histoire des trois moines empoisonneurs ; ils la supprimèrent et arrêtèrent leur copie à la fin de la confession d'Yscolan, sans même marquer le nom de son interlocuteur, qui devait être évidemment quelque part dans la pièce. — La légende de saint David a fait justement l'inverse ; elle donne en détail le récit du miracle et de la part prise par l'envoyé d'Aidan à cet épisode de la vie du saint, mais, en faveur du

---

[95] « Nachaf y gwelei y gennat y kyuaruot ac cf yn lle a elwir *Bed Yscolan*. » W. Rees, *Cambro-British Saints*, p. 108-109 et 409.

service rendu à celui-ci, elle omet les égarements d'Yscolan. Pour avoir l'histoire compète de ce personnage, il faut combiner ensemble le poème et la *Vie de saint David*.

Si l'on veut examiner sans prévention la conjecture que nous proposons pour expliquer ce poème, on la trouvera, nous l'espérons, très plausible. En tous cas, après les objections de M. Skene et celles que nous y avons ajoutées, il faut renoncer à voir dans cette pièce Merlin et saint Columba. C'était là pourtant un des principaux fondements de la légende, selon nous très peu solide, qui attribue à Merlin une antipathie spéciale, active, militante, contre la religion chrétienne.

XX

Il faut enfin rapprocher de ce poème d'Yscolan un chant populaire de Basse-Bretagne, recueilli par M. de la Villemarqué et qui en contient une évidente imitation. Le héros de ce chant, Ianic *Scolan*, qui vivait au dernier siècle, fut exécuté comme assassin ; après sa mort, il revient en ce monde chercher le pardon de sa mère ; c'est cette dernière partie seule qui se rapproche de la pièce galloise, la voici :

« —Ma mère, n'ayez pas peur ; c'est moi, le fils que vous avez mis au monde, qui suis venu encore une fois pour vous voir. J'ai perdu la bénédiction de ma mère.

—Je doute que celui-ci soit mon fils : je l'avais mis dans un linceul blanc, et le voilà qui vient vêtu de noir.

Ton cheval est noir, tu es tout noir toi-même… Maudit est mon fils Scolan.

—Je suis venu ici sur le cheval du diable ; je m'en vais avec lui en enfer si vous ne consentez à me pardonner.

—Comment pourrais-je te pardonner ? Grande est l'offense que tu m'as faite : tu as mi le feu dans ma boulangerie et brûlé dix-huit de mes bêtes à corne.

Tu as mis le feu dans sept tas de blé, brûlé sept églises et sept prêtres.

—Ma mère, je sais bien que je l'ai fait par méchanceté et par malheur ; mais puisque Dieu me fut miséricorde, ma mère, pardonnez-moi aussi.

—Comment pourrais-je te pardonner ? Grande est l'offense que tu m'as faite, tu m'as perdu mon petit livre, ma consolation en ce monde.

—Ma pauvre chère mère pardonnez-moi : votre petit livre n'est pas perdu, il est à trente brasses au fond de la mer, gardé par un poisson doré…

—Je sens une odeur de thym et de laurier ; j'ai béni mon fils Scolan. Son cheval est tout blanc, il est tout blanc lui-même ; la crinière de sa monture est aussi brillante que le soleil ?

Mon fils Scolan, dis-moi : où vas-tu donc avec ton parrain ?

—Je vais en paradis avec lui, grâce à la bénédiction que m'a donnée ma mère[96]. »

Entre la monture, la couleur, la figure d'Yscolan et celle d'Ianic Scolan, entre les méfaits confessés par celui-là et ceux imputés à celui-ci —bétail détruit,

---

[96] *Baraz-Breiz*, 6ᵉ édit. (1867), p.340 et 345 à 348. M. Gabriel Milin a aussi publié une version de ce chant populaire dans le *Bulletin de la société académique de Brest* pour 1864.

églises brûlées, livre noyé, — la ressemblance est trop grande pour être fortuite ; de ces méfaits Ianic Scolan, vulgaire assassin du dernier siècle, est fort innocent ; seule, l'identité de nom lui a fait appliquer cette vieille ballade galloise, conservée, sous une forme plus ou moins pure, par les Bretons de France.

Ce qui est notable, c'est le passage de ce poème en Armorique, qui ne peut être dû qu'aux émigrations primitives des VIe et VIIe siècles, tout au moins aux nombreuses troupes de Bretons armoricains réfugiées au Xe siècle, par crainte des Normands, en Grande-Bretagne, d'où ils revinrent avec Alain Barbetorte en 937.

Par là se trouve établie l'antiquité du poème et son authenticité, non comme œuvre de Merlin, mais comme œuvre d'une époque fort rapprochée de la mort d'Yscolan et de Saint David, c'est-à-dire du VIIe siècle.

Les trois pièces attribuées à Merlin dont nous n'avons point encore parlé — les Bouleaux, la Prédiction de Merlin dans son tombeau, les Fouissements — offrent moins d'intérêt que les précédentes.

Que ces trois pièces soient supposées, nul doute : ce qui ne veut pas dire que l'on ne puisse trouver, dans l'une ou dans l'autre, quelque fragment ancien, mais nullement attribuable à Merlin. Car le trait dominant de ces trois poèmes, c'est de concerner exclusivement la Cambrie ou pays de Galles dans sa plus grande extension, mais sans aucune relation avec la Bretagne du Nord (de la Dee à la Clyde), qui était justement, comme on l'a vu, le pays de Merlin.

Un autre caractère commun à ces trois pièces, c'est d'être visiblement imitées ou dérivées de poèmes originairement composés par Merlin, savoir : les Bouleaux, des *Afallenau* ; la Prédiction de Merlin, du *Kyvoësi* ; les Fouissements, des *Hoianau*. — Ainsi, dans les *Afallenau*, chaque stance commence par une apostrophe au *Doux Pommier* ; dans les Bouleaux, le *Doux Pommier* se trouve remplacé par le *Bouleau béni*. Voici un extrait de cette pièce.

LES BOULEAUX[97]

I

Béni est le bouleau [qui croît] dans la vallée de la Wye,
Dont les branches tomberont une à une, deux par deux.
Il sera là, quand il y aura une bataille en Ardudwy,
Un grand beuglement de bestiaux au gué de Mochnwy,
Des lances et des cris à Deganwy,
Edwin portant sa domination dans Môna,
Et des jeunes hommes pâles, agiles,
Vêtus de rouge, pour commander l'armée.

2

Béni est le bouleau [qui croît] à Pimlumon :

---

[97] Skene, *The Four ancient Books of Wales*, I, 481 et II, 17 et 334. — Le texte de cette pièce est dans le *Livre noir de Caermarthen*.

Il verra le front du cerf exalté,
Les Francs dans leurs habits de mailles,
Etc....[98]

3

Béni est le bouleau [qui croît] sur les hauteurs de Dinvithwy ;
Il saura quand il y aura une bataille en Ardudwy
Une mêlée de lances en Edrywy
Un pont sur le Tav un autre sur le Tawy
Etc...

Le Tav et le Tawy sont deux rivières du Glamorgan (South-Wales) ; les premiers ponts qu'on y jeta émurent beaucoup, semble-t-il, la génération contemporaine ; on les trouve rappelés dans les interpolations de deux autres poèmes attribués à Merlin, le *Kyvoësi* et les *Hoianau*. La dernière stance de cette dernière pièce porte : « Je prédis qu'après Henri, tel ou tel sera roi en des temps mauvais ; mais quand il y aura un pont sur le Tav et un autre sur le Tawy, ce sera la fin de la guerre[99]. » Ces ponts ne furent donc établis qu'après la mort de Henri Ier, roi d'Angleterre, c'est-à-dire après 1135.

Tous les autres lieux nommés ici et que l'on peut reconnaître, appartiennent aussi à la Cambrie : Ardudwy (Merionethshire) et Deganwy (Caernarvonshire) au pays de Gwyned (North-Wales), dont dépendait encore l'île de Môna qui est Anglesey. Pimlumon est une chaîne de petites montagnes du comté de Cardigan (South-Wales), et le fleuve de Wye traverse la Cambrie du nord au sud, pour aboutir à la mer, dans le pays de Gwent (Monmouthshire).

---

[98] Skene, *Ibid.*, I, 490 ; II, 25, cf. I, 470 et II, 226.
[99] Aujourd'hui Gower, petit pays du Glamorgan, qui est encore un doyenné rural. La rivière de Byrri ou Burry coule dans ce pays.

XXII

Dans la strophe 120 du Kyvoësi, Gwendyz dit à Merlin :

— Lève-toi de ta retraite, et explique sans crainte les livres dictés par l'inspiration.

Un barde gallois du XIIᵉ siècle prit texte de là pour lancer un poème où il montre Merlin prophétisant du fond de son tombeau. Il débute ainsi :

PRÉDICTION DE MERLIN DANS SON TOMBEAU[100]

I

L'homme qui parle de son tombeau
À été informé qu'avant sept ans
Le cheval d'Eurdein, l'homme du Nord, mourra.

2

J'ai bu du vin dans un verre brillant
Avec les chefs de la guerre cruelle :
Mon nom est Merlin, fils de Morvryn.

3

J'ai bu du vin dans un gobelet
Avec les chefs de la guerre dévorante :
Merlin est mon nom glorieux.

Merlin, sobre pendant sa vie, semble avoir un peu trop bu après son trépas. C'est bien la peine de sortir de son tombeau pour prédire la mort d'un cheval! Surexcité par ces libations, il fait ensuite des prophéties (après coup) sur «le roi rouge qui viendra de Normandie», c'est-à-dire Guillaume le Roux, fils du Conquérant, et sur son fils, le roi Henri Iᵉʳ, mort en 1135 (strophes 6, 7, 8). Tout ceci est donc du XIIᵉ siècle. Mais à la 13ᵉ stance, le genre change; les neuf suivantes contiennent des prophéties satirico-morales, dans le genre de celles-ci :

---

[100] Skene. *Ibid.*, I, 478; II, 234 et 428. Ce poème n'est pas dans le *Livre Noir de Caermarthen*, mais seulement dans le *Livre Rouge d'Hergest*.

Viendra un temps, vers la fin du siècle,
Où, par suite de malheurs, il n'y aura plus de jeunes gens,
Et où les coucous mourront de froid en mai.

16

Viendra un temps où l'on n'aimera que les chiens de chasse,
Où on se plaira à bâtir dans des lieux sauvages,
Et où une chemise coûtera fort cher.

17

Viendra un temps où on se délectera à proférer des jurements,
Où le vice sera actif et les églises négligées,
Où la parole donnée et [le serment] prêté sur les reliques seront également brisés.
La vérité s'effacera, le mensonge s'étendra partout,
La foi sera faible et les disputes continuelles.

À la stance 22, nouveau changement, la pièce reprend le ton des vieux poèmes bardiques, et bien que les six dernières strophes (22-27) ne puissent être attribuées à Merlin (d'autant qu'elles se rapportent exclusivement au pays de Galles), elles semblent pourtant assez anciennes. En voici un spécimen :

22

Mercredi, jour de haine,
Les lames seront complètement usées ;
Deux d'entre elles se plongeront dans le sang de Kynghen.

24

Il y aura bataille sur la rivière de Byrri :
Les Bretons seront victorieux,
Les hommes de Gwhyr[101] feront là des actes d'héroïsme.

27

Une autre bataille suivra à Aber Don :
Là les armes seront inégales,

---

[101] Voir Skene, *Four Books*, II, p. 428.

Le sang cramoisi inondera le front des Saxons.
Servile est ton cri, Gwendyz!
Voilà ce que m'ont dit les esprits
De la montagne, à Aber Carau.

Cette pièce, on le voit, est une marqueterie, formée au moins de trois morceaux, divers entre eux de ton, de genre, d'époque. Son titre gallois est «*Gwas-
gargerdd Vyrdin yn y Bed*», qu'on traduit habituellement comme nous l'avons
fait: «Prédiction de Merlin dans son tombeau», — traduction exacte des trois
derniers mots gallois, non du premier. *Gerdd,* pour *kerdd,* est un chant, un poème; mais *Gwasgar* signifie disperser: d'où M. Skene tire avec raison, pour *Gwas-
gargerdd,* le sens de «Poème qui n'est pas lié, qui embrasse des sujets divers et
dispersés»: et ce titre convient à l'œuvre[102].

---

[102] Outre les *Four ancient books of Wales,* si souvent cités par nous, les principales publications
de M. Skene sont: en 1867, *Chronicles of the Picts and Scots, and other early memorials of Scottish
History,* gr. In-8°; — en 1872-74, *Fordun's Chronicle of the Scottish nation* with english trans-
lation. 2 vol in-8°. Ces chroniques et documents sont accompagnés de notes, notices et intro-
ductions d'une grande valeur. Tout récemment, de 1876 à 1880, M. Skene vient de publier sur
l'histoire d'Ecosse, depuis les origines jusqu'au XIIIᵉ siècle, un livre très remarquable, intitulé
Celtic Scotland, 3 vol. in-8°.

XXIII

Gorddod (pluriel *gorddodau*), c'est, en gallois, l'action du porc qui fouit, qui creuse le sol avec son grouin. Dans le poème des *Gorddodau*, les Bretons de la Cambrie sont représentés comme fouissant la terre ; leurs fouissements, ce sont leurs efforts pour défendre leur vieille indépendance ; ce poème dérive donc de la donnée symbolique développée dans la pièce des *Hoianau* ou *Porcheltanau*.

Les *Gorddodau* sont d'ailleurs bien plus récents que les interpolations mêmes des *Hoianau*, nécessairement antérieures au XIIIe siècle puisqu'elles figurent dans le *Livre noir de Caermarthen*. Les *Gorddodau*, au contraire, ne se trouvent dans aucun des quatre manuscrits publiés par M. Skene ; le *Myvyrian* les a imprimées sur une copie plus moderne ; on ne peut les croire plus anciens que le dernier quart du XIIIe siècle.

Cette pièce comprend neuf stances, fort longues chacune. Nous nous contenterons de donner ici la première, d'après la traduction de Stephens.

LES FOUISSEMENTS[103]
(GORDDODAU)

L'oppression nous menace de près ; je ne puis dormir à l'aise.

Quand viendra l'Enfant de la race bretonne, il causera du trouble dans le monde :

Il y aura alors un héros
Qui ne fera nul compte des Loëgriens
Et qui les détruira complètement.
Un Breton s'élèvera,
Généreux et puissant,
Actif, sans fierté.
Les Berniciens, la puissance de l'île,
Promettront aide aux Saxons ;
Ils couvriront en foule les collines
Dans des intentions mauvaises :

---

[103] Stephens, *Literature of the Kymry*, 1876, p. 267 ; *Myvyrian*, édit. 1801, I, p. 527 ; édit. 1870, p. 348.

Leurs souhaits seront accomplis.
Mais le pays jettera des cris,
Les frontières souffriront gravement ;

Alors la Bretagne se lèvera : les vieux prêtres,
Les tout jeunes gens, brandiront des lames rougies [de sang].
Du haut de nos forteresses je ne chanterai point,
Car le vol des corbeaux annonce la venue de la peste.

Hâte-toi de les détruire,
Toi, Enfant caché,
Qui seras le support
Des plus humbles,
Qui donneras aux braves de grands présents
Et leur feras belle part de la moisson ;
Qui jamais n'enchaîneras
La loi parfaite et profonde,
Et jamais n'apprendras la vanité ;
Toi, le fils d'un homme
Que, tout en le blâmant, les hommes admirent.
Pour moi je l'aime grandement,
Car, l'élite de la noblesse
De tout le pays de Gwyned,
C'est lui qui la ramènera de l'exil.
Les étrangers le haïront et lui refuseront leurs éloges ;
Ils ne seront ni ses coopérateurs ni ses alliés ;
L'entente avec les Saxons,
Cette œuvre détestable,
Cessera.
J'adresserai mes remerciements, mes prières,
Au généreux protecteur
De notre principal lignage.
Bénis sont les Bretons ;
Leur couronne est large encore,
Grâce au Dieu du ciel,
Leur bienfaisant défenseur !
Quant au lion, voué au travail qui rougit les mains,
Aux occupations de la guerre,

Il est doux de chanter ses louanges
Et je les chante hautement !

Ce sont là des accents d'une haute poésie et d'un fier patriotisme ; le style a déjà une liberté d'allures et une tournure toutes modernes. Selon M. Stephens, ces vers s'adressent au dernier prince indépendant de la Cambrie, Lywelyn ab Gruffyz, roi de North-Wales de 1246 à 1282. En 1278, pour épouser Eléonore de Montfort, il fut obligé de souscrire à une alliance onéreuse avec l'Angleterre ; c'est là cette « œuvre détestable » que le barde veut voir détruire le plus tôt possible, et l'enfant à qui il prédit un si grand rôle, dont il attend de si grandes choses, c'est celui qui naîtra de ce récent mariage.

Merlin en tout cela n'a rien à voir ; mais, pour donner plus d'autorité, plus de retentissements à cette poésie, on a mis le nom du vieux barde à la fin de cette pièce, qui du moins, si elle n'est de lui, est digne de lui.

XXIV

En résumé, au point de vue qui nous occupe, tout l'intérêt des trois dernières pièces, c'est de montrer combien était grande encore à la fin du XIIIᵉ siècle, non seulement la popularité de Merlin, mais l'autorité des formes, des symboles, des procédés de sa poésie.

Yscolan n'est pas de Merlin ; ce n'en est pas moins une pièce fort ancienne, fort curieuse, et jusqu'ici mal comprise, dont nous avons proposé en interprétation plus rationnelle, qui a l'avantage de prendre pour base, au lieu d'une simple hypothèse, un texte historique.

Dans les *Hoianau*, dans le *Kyvoësi*, on retrouve les débris — bien faibles malheureusement — de deux poèmes authentiques de Merlin ; et ce qu'il est surtout curieux d'étudier dans ces deux pièces, c'est la façon dont les faussaires des XIᵉ et XIIᵉ siècles procédaient pour détruire peu à peu, morceau par morceau, en y mêlant leurs ordures, en l'étouffant sous leur badigeon, l'œuvre originale des anciens bardes.

Quant aux *Afallenau* et au *Dialogue de Taliésin et de Merlin*, nous y voyons, avec M. Skene, deux poèmes de Merlin très authentiques, d'un grand intérêt au point de vue historique et littéraire, et qu'on n'a le droit ni de rejeter ni de dédaigner.

Si nous pouvons contribuer à faire accepter cette conclusion par les lettrés, les érudits, les critiques de la Bretagne, de la France, de l'Angleterre, nous serons loin d'avoir perdu notre temps.

XXV
ÉCLAIRCISSEMENT SUR MERLIN, RYDERCH HAEL, ET LA BATAILLE D'ARDERYD

La bataille d'Arderyd est le fait historique le plus saillant célébré dans les poèmes de Merlin et celui qui y tient le plus de place ; elle forme le sujet de l'un d'entre eux, peut-être du plus curieux, le *Dialogue de Taliésin et de Merlin* ; elle est mentionnée dans tous les autres (dans les parties authentiques) comme un événement qui fait époque et qui a dû exercer sur la destinée de notre barde une capitale influence.

Pour fixer les lignes essentielles de la vie et du caractère de Merlin, il est indispensable d'éclaircir dans la mesure du possible le caractère et les circonstances de la bataille d'Arderyd.

Cette tâche s'impose à nous d'autant plus que nous avons le regret d'être sur ce point en désaccord avec un érudit, un historien anglais des plus distingués, M. William F. Skene, auquel ses récents travaux, que nous apprécions hautement, ont conquis dans ces matières une juste autorité[104].

À l'époque de la bataille d'Arderyd (en 573), le territoire actuel de l'Écosse était occupé par quatre races, les Scots, les Pictes, les Bretons et les Anglo-Saxons : les deux premières placées au nord de l'isthme étranglé qui sépare les golfes du Forth et de la Clyde, les deux autres au sud de cet isthme.

Les Bretons et les Pictes étaient les anciens habitants du pays : ceux-ci, les descendants des farouches Calédoniens qu'Agricola n'avait pas eu le temps de dompter ; et ceux-là, les indigènes de l'ancienne province romaine.

Les Angles, pirates sortis de la Germanie et envahisseurs à main armée, venus en ces parages dès le milieu du Ve siècle, puissants seulement depuis le milieu du VIe, avaient formé sur la côte de l'est le royaume de Bernicie qui, réuni à celui de Deira, devait être un jour célèbre sous le nom de Northumbrie. Ils tenaient ce rivage jusqu'au Forth, tandis que la région occidentale de l'île jusqu'au golfe de la Clyde restait aux mains de Bretons.

Les Scots occupaient au nord de ce golfe le territoire, si étrangement déchiqueté par ses longs bras de mer et ses grands lacs, qui forme aujourd'hui le comté d'Argyle. Ils sortaient de l'Irlande, mère-patrie de la race scotique, et qui seule,

---

[104] En breton, Vallée de la Clyde ; les auteurs anglais écrivent Strathclyde.

avant le Xe siècle de notre ère, reçut le nom de Scotie (*Scotia*). L'Écosse actuelle ou, plus exactement, l'ancienne Calédonie, la partie de l'île de Bretagne située au nord du Forth et de la Clyde, se nommait au VIe siècle Alban. Sur l'époque où la colonie scotique vint occuper en Alban le pays d'Argyle — qu'elle appela *Dalriada*, — les historiens diffèrent : suivant les uns (dont est M. Skene), cet établissement est de 498 ; suivant les autres, du milieu du IVe siècle ou même du IIIe de l'ère chrétienne. Sauf ce pays de Dalriada, toute l'Albanie était occupée par les Pictes.

En 573, les Scots étaient chrétiens, et cela depuis la mission de saint Patrice (Ve siècle). Le paganisme des Pictes, à peine entamé au sud dans le Ve siècle et la première moitié du VIe, par les travaux de saint Ninian, de saint Gildas et de quelques autres, cédait alors devant la vigoureuse attaque dirigée contre lui depuis 565 par saint Columba, du fond de son monastère d'Iona. Bien que la victoire ne fût plus douteuse, elle était encore à ce moment loin d'être complète ; ce ne fut pas trop pour l'achever des vingt-quatre ans que l'apôtre avait encore à vivre. Les Angles de Bernicie, plongés dans la fange native de leur idolâtrie, n'avaient jamais entendu prêcher l'Évangile.

Les Bretons, eux, avaient reçu la bonne nouvelle avant la chute de l'empire romain ; vers la fin du IVe siècle ou dans le commencement du Ve, saint Ninian avait fondé, entre le golfe de Solway et la Clyde, une chrétienté dont le développement s'était trouvé interrompu par les incursions barbares du Ve siècle. Au siècle suivant, saint Kentigern, reprenant cette œuvre, institua, vers 550 ou 560, un évêché à Glasgow. Mais chez ces Bretons du Nord, la foi n'était pas encore très affermie. Le voisinage des paganismes saxon et pictique encourageait les derniers sectateurs des superstitions druidiques, au point de produire parfois des mouvements de réaction contre le christianisme.

Au point de vue politique, les Angles de la Bernicie se trouvaient rassemblés sous l'autorité d'un roi unique ; il en était de même des Scots du Dalriada. Les Bretons du Nord, au contraire, comme ceux de la Cambrie, se partageaient entre plusieurs principautés ou petits royaumes dont les bornes sont incertaines ; le principal ou plutôt le mieux connu est celui qui avait pour capitale Alcluyd (aujourd'hui Dunbarton), à l'embouchure de la Clyde, et qui, s'étendant le long de cette rivière, en avait pris le nom de Strat-Cluyd[105]. Les Pictes semblent aussi

---

[105] Les anciens chroniqueurs ne sont pas d'accord sur l'ordre dans lequel régnèrent successivement les fils d'Ida. M. Skene suivant (ce semble) Florent de Worcester, fait régner en 573 Hussa. À Florent, auteur de seconde main écrivant au XIIe siècle, ne doit-on pas préférer la chronique originale des rois de Northumbrie inscrite à la suite de l'*Histoire* de Bède sur un manuscrit de 737, et suivant laquelle de 572 à 579 régna en Bernicie Théodoric ? Voir *Monumenta*

avoir été divisés entre plusieurs dynasties ; en 573, leur roi principal était Brude, fils de Maëlcon, converti au christianisme par Columba en 565, et qui habitait dans la région nord d'Alban, non loin de la ville actuelle d'Inverness.

Sur les Scots du Dalriada régnait alors Aédan, fils de Gabran et ami de saint Columba ; sur les Angles de Bernicie, un des fils d'Ida, le fondateur de ce royaume[106].

Historica Britannica, I, p. 104 et 290.

[106] Lib. I, cap. 8, dans Bol. Jun. II, p. 201, et dans Reeves, *Life of saint Columba*, édit. 1874, p. 123.

Quant aux Bretons du Strat-Cluyd, aucun document sérieux et suffisamment autorisé ne nous fait connaître le nom du prince qui les gouvernait en 573 ; on en est réduit aux conjectures. M. Skene affirme sans hésiter que c'était le roi Ryderch, fils de Thothail (ou Tudual), mentionné dans la *Vie* (très authentique) de saint Columba par Adamnan[107]. Mais en ce qui touche l'époque de ce Ryderch, cette mention prouve qu'il fut roi d'Alcluyd avant la mort de saint Columba, c'est-à-dire avant le 8 juin 597, — rien de plus. Il est même difficile de l'assimiler au Ryderch qui figure dans les *Généalogies Saxonnes* du VIIe-VIIIe siècle, imprimées à la suite de Nennius. Ce dernier est nommé « Ryderch *Hen* », c'est-à-dire Ryderch l'*Ancien*; dans les traditions bretonnes, le Ryderch ami de saint Columba et de saint Kentigern est dit « Ryderch *Haël* » ou le *Généreux*: de la différence des surnoms à celle des personnes, la conclusion est logique.

On connaît d'ailleurs certains faits intéressants accomplis depuis le milieu du VIe siècle chez les Bretons du Strat-Cluyd.

Vers 550-560 (on l'a vu), saint Kentigern avait fondé un évêché à Glasgow. Le prince qui régnait alors à Alcluyd fut favorable à l'évêque et jusqu'à la fin de son règne soutint sa mission[108]. Son successeur, nommé Morken ou Morcan —que les historiens assimilent avec raison au Morcant des *Généalogies Saxonnes,* — se fit au contraire l'ennemi de saint Kentigern, le vexa, le maltraita, puis mourut[109]. Après sa mort ce fut pis ; on ignore le nom de son successeur, mais la persécution devint telle que Kentigern, contraint de fuir, se réfugia en Cambrie, où il vécut quelque temps près de saint David, évêque de Ménévie[110]. Il le quitta pour fonder dans le North-Wales le monastère de Lanelwy (aujourd'hui ville et évêché de Saint-Asaph), qui devint bientôt une maison des plus nombreuses et des plus prospères[111]. Kentigern y séjourna longtemps; on dit qu'il alla de là plusieurs fois à Rome[112] ; d'après sa *Vie* (cap. XXVI), il habitait encore Lanelwy au moment

---

[107] Vita S. Kentigerni auctore Jocelino, cap. IX et XI, dans *Lives of S. Ninian and S.kentigern*, formant le t. V des *Historians of Scotland* (Edimbourg, 1874), p. 179, 181.
[108] *Ibid*, cap. XXI, XXII, p. 195 à 199.
[109] *Ibid*., cap. XXIII, p. 199-200.
[110] *Ibid*., cap. XXVII, p. 208.
[111] *Ibid*., cap. XXIII, XXIV, p. 201-205.
[112] *Ibid*., cap. XXVI, p. 207-208.

de la mort de saint David[113], événement placé en 604 par les *Annales de Cambrie*[114]; en 589, par celle de Tigernach et d'Inisfall[115]. Après ou avant cette mort (cela est incertain), il y eut à Alcluyd un changement de règne: le trône échut à un prince appelé Ryderch, baptisé, élevé en Hibernie et chrétien fervent, qui, peu de temps après son avènement, rappela de l'exil saint Kentigern[116]. L'évêque rentra en triomphe dans son diocèse de Glasgow, y rétablit solidement la foi par ses prédications[117], alla ensuite porter chez diverses tribus pictiques la lumière de l'Evangile; de retour dans son diocèse, reçut la visite de saint Columba, y vécut encore plusieurs années dans les meilleurs et plus intimes relations avec le roi Ryderch; enfin, mourut fort âgé — en 612, selon les *Annales de Cambrie*, — et le roi la même année que lui[118].

Sauf les dates, extraites des Annales susmentionnées, toutes ces circonstances sont rapportées dans la *Vie de S. Kentigern*, rédigée au XIIe siècle par Jocelin, moine de Furness (au comté de Lancastre), lequel proteste avoir fidèlement suivi, quant au fond, deux vies très anciennes d'un style barbare qu'il avait sous les yeux, l'une en latin et l'autre «en langage scotique». Cette *Vie* ne parle aucunement de la bataille d'Arderyd; aucun document ancien n'établit aucun rapport entre cette bataille et la vie de saint Kentigern: voici comme M. Skene les lie l'une à l'autre.

---

[113] *Monum. Hist. Britann.*, I, 831. Il faudrait reculer cette date d'un an, car, d'après ses Actes, saint David mourut un mardi 3 mars, circonstance qui se rencontre en l'an 600 et en 601.
[114] V. Skene, *Chronicles of the Picts and Scots*, p. 67 et 168.
[115] Vit. S. Kentig. auct. Jocelino, cap. XXIX et XXX, dans *Lives of S. Ninian and S. Kentigern*, p. 212-214.
[116] *Ibid.*, cap. XXXI, XXXII, XXXIII, p. 215-219.
[117] *Ibid.*, cap. XXXIV, XXXIX, XL, XLIV, p. 291-221, 229-232, 238-241.
[118] «The regulating date in Kentigern's life was that of battle of Arderyd; that battle, fought in 573, established Ryderch Haël on the throne, and he then recalled Kentigern from Wales.» V. *Lives of S. Ninian and S. Kentigern*, p. 369.

XXVII

À ses yeux, le chrétien Ryderch, ami de saint Columba, se serait ligué avec un autre ami du même saint, Aédan, roi des Scots de Dalriada, et avec Maëlgoun, roi de Gwyned, pour combattre le parti païen ou semi-païen existant chez les Bretons du Nord, auteur de l'expulsion de Kentigern, et qui aurait eu pour chef le protecteur de Merlin, le roi Gwendoleu, établi aux environs du golfe de Solway. Le choc de ces deux partis se fut fait à la journée d'Arderyd. « Cette bataille, livrée en 573, dit M. Skene, établit sur le trône Ryderch Haël, qui alors rappela du pays de Galles saint Kentigern. C'est par cette date que l'on doit régler la chronologie de la vie de ce saint[119]. »

Le retour de Kentigern au pays d'Alcluyd étant, comme on l'a vu, postérieur à la mort de saint David, c'est-à-dire tout au moins à 589, impossible d'y voir la conséquence d'une bataille livrée seize ans plus tôt. Au contraire, si cette bataille avait vraiment mis Ryderch Haël sur le trône, ce prince se fût montré bien froid pour Kentigern en restant aussi longtemps sans le rappeler de l'exil.

Mais le point essentiel du système de M. Skene et celui qui nous touche le plus dans l'intérêt de Merlin, c'est le paganisme imputé à Gwendoleu.

Sur quoi repose cette imputation ? Uniquement sur les triades galloises relatives à la bataille d'Arderyd et que M. Skene résume ainsi[120] :

« Dans la triade des Trois batailles frivoles de l'île de Bretagne, la seconde de ces batailles est celle d'Arderyd, où 80.000 hommes de la race des Kymrys furent tués pour un nid d'alouette[121].

« Dans la triade des Trois chevaux qui portèrent les trois fardeaux de l'île de Bretagne, le second fardeau est celui de Cornan, le cheval des fils d'Elifer, qui porta Gwrki et Pérédur et Dunaud Bwr, fils de Pabo, et Kynvelyn Drwscl, et les mena voir le feu sacré de Gwendoleu à Arderyd[122].

« Dans la triade des Trois loyales tribus de l'île de Bretagne, la troisième de ces tribus est celle de Gwendoleu, fils de Keidio, laquelle soutint la lutte quarante-

---

[119] *Ibid.*, p. 361-362.
[120] Voir *Triades de l'île de Bretagne,* 1re série, n° 47, et 2e série, n° 50, dans le *Myvyrian*, édit. de 1870, p. 391 et 405. Rééd. Genève, arbredor.com, 2002.
[121] V. *Triades des chevaux*, n° 1re ; *Triades de l'île de Bret.*, 2e série, n° 11, *Myvyr.*, 1870, p. 394 et 396.
[122] *Triades de l'île de Bret.*, 1re sér., 34, 2e sér. 41, 3e séri., 80, *Myvyr.*, 1870, p. 390, 397, 408.

six jours après la perte de son chef et ne voulait pas cesser la guerre sans avoir vengé sa mort[123].

« Dans la triade des Trois hommes barbus qui commirent les trois bons meurtres de l'île de Bretagne, le premier de ces hommes est Gall, fils de Dysgyfdauc, qui tua les deux oiseaux bruns de Gwendoleu, lesquels portaient un joug d'or et dévoraient tous les jours deux Kymrys à leur dîner et deux à leur souper[124]. »

« Dans la triade des Trois taureaux de combat de l'île de Bretagne, le second de ces taureaux est Gwendoleu, fils de Keidio[125]. »

Sur quoi M. Skene conclut que « Gwendoleu, avec son feu sacré et ses oiseaux qui dévorent les hommes, était certainement le type de l'ancien paganisme indigène[126]. » C'est tout. C'est trop peu, — d'autant que le mot gallois de la triade des Trois chevaux traduit ici par « feu sacré » (*sacred fire*), et qui seul semblerait faire allusion à quelque pratique superstitieuse d'origine païenne, peut se traduire tout aussi bien, sinon mieux, par « bûcher funèbre », et indique tout simplement la mort (vraie ou fausse) de Gwendoleu à la journée d'Arderyd[127]. D'ailleurs, les *Généalogies des saints de l'île de Bretagne*, dont l'autorité vaut bien celle des Triades, mettent formellement Gwendoleu, avec ses frères Nud et Cov, au nombre des saints du monastère de Bangor-Iltud[128]. Le voilà donc bien lavé du reproche de paganisme.

Quant au roi Aédan, prétendu allié de Ryderch contre Gwendoleu selon M. Skene, les Triades en font l'un des trois grands traîtres de l'île de Bretagne et un ennemi de Ryderch, chez qui il aurait porté « une entière destruction[129]. »

Mais M. Skene aujourd'hui rejette les *Triades* comme entièrement apocryphes[130], et il a raison ; nous y joignons volontiers les Généalogies des saints de l'île de Bretagne et les autres généalogies galloises soi-disant historiques. Tout cela n'est qu'un amas de fictions purement artificielles, ne répondant ni à des légendes anciennes ni à des traditions populaires, n'exprimant que la fantaisie des lettrés qui les ont composées depuis le XIIe siècle, en y mêlant çà et là quelques noms réels pour leur donner couleur historique. Quand on veut faire de l'histoire sérieuse, il faut résolument jeter à l'eau tout ce fatras et les autres fabri-

---

[123] *Ibid.*, 1re sér., 37, 2e sér., 28, 3e sér., 46, dans *Myvyr.*, 1870, p. 390, 397, 405.

[124] *Ibid.*, 1re séri., 12, 3e sér., 72, dans *Myvyr.*, 1870, p. 389 et 407.

[125] *Lives of S. Ninian and S. Kentigern*, p. 365.

[126] Voir le *Dictionnaire gallois* d'Owen Pughes au mot *Mygedorth*.

[127] Voir Iolo Morgannwg's *Welsh manuscrits*, p. 106 et 503, 128 et 530.

[128] *Triades de l'île de Bretagne*, 1re séri., 46, 3e sér., 52, *Myvyrian*, édit. 1870, p. 391 et 406.

[129] Voir *Celtic Scotland*, I, p. 172, note 11.

[130] On pourrait toutefois démêler dans ce poème, sur des points de détail quelques traces de traditions populaires, issues très probablement de la légende de S Kentigern.

cations qui en dérivent, par exemple, en ce qui touche notre sujet, le poème de *Merlin le Calédonien*[131], *les interpolations du Kyvoësi*, et des *Hoianau* de Merlin[132], les passages ajoutés vers la fin du XIIIᵉ siècle au texte des *Annales de Cambrie*[133].

Cela rejeté, que reste-t-il pour établir l'histoire vraie de la bataille d'Arderyd? Le nom et la date, inscrits dans le texte ancien des Annales de Cambrie; puis les notions fournies par deux pièces dont M. Skene a reconnu l'autorité, la version authentique des *Afallenau* et le *Dialogue de Taliésin et de Merlin*. Ce qui ressort de ces deux pièces, d'après la traduction même publiée par M. Skene, nous l'avons vu[134]: c'est que Gwendoleu survécut à la bataille d'Arderyd; que ni lui ni Ryderch n'y figurèrent; que les Bretons, sous la conduite d'un roi Maëlgoun, y combattirent et battirent des envahisseurs débarqués au rivage d'Alcluyd, probablement des Scots d'Hibernie. Lutte nationale pour défendre le sol breton, voilà Arderyd; lutte religieuse entre chrétiens et païens, on n'y en trouve pas l'ombre.

---

[131] Voir ci-dessus les § XI, XII, XV et XVI de la présente étude.

[132] Dans le manuscrit que les *Monum. Hist. Britannica* désignent par la lettre B, et qui est de 1280.

[133] Ci-dessus, aux § IV, VII à X, et XVI de la présente étude.

[134] Cap. XXIX et XXX, *Lives of S. Ninian and S. Kentigern*, p. 213.

Quant à Ryderch Haël, non seulement il ne figurait pas à la bataille d'Arderyd, mais il ne commença de régner à Alcluyd que quinze ou seize ans plus tard. D'après la *Vie de S. Kentigern*, ce prince rappela l'évêque de l'exil dès les premiers temps de son règne[135] ; Kentigern n'ayant quitté le pays de Galles qu'après la mort de saint David en 589, le commencement du règne de Ryderch doit donc se placer au plus tôt en 588. Nouvelle raison pour le distinguer du Ryderch Hen[136] des *Généalogies Saxonnes*, qui régna, lui, pendant la période des guerres d'Urien, de Morcant et de Guallauc contre les fils d'Ida, de 560 à 590.

La Vie de S. Kentigern[137] atteste en outre que ce pieux évêque et le roi qui l'avait rétabli moururent dans la même année, et les Annales de Cambrie[138] mettent la mort de Kentigern en l'an 612. M. Skene fait là-dessus une difficulté : « Le saint, dit-il, mourut le 13 janvier, qui selon Jocelin (auteur de sa Vie) était un dimanche[139]. » Le 13 janvier, en 612, ne tombant pas le dimanche, M. Skene veut substituer à cette date l'une des deux années les plus voisines où se rencontre cette circonstance, c'est-à-dire 614 ou 603. Inutile d'examiner les raisons pour lesquelles M. Skene préfère 603, car toute cette difficulté repose sur une méprise. Voici, en effet, comme Jocelin parle du jour mortuaire de Kentigern :

« Cum illucesceret *dies Dominicœ apparitionis octavus*,… ipse pontifex almus… tradidit spiritum[140]. »

C'est-à-dire : « Le bienheureux pontife expira pendant que brillait le huitième jour après l'Épiphanie, » en d'autres termes, le 13 janvier, sans aucune indication

---

[135] On ne peut dire si ce Ryderch Hen régnait à Alcluyd, les Bretons du Nord (on ne saurait trop le répéter) étant, comme ceux de la Cambrie, partagés en un grand nombre petits royaumes.

[136] Cap. XLV, *Ibid.*, p. 241.

[137] V. *Monumenta historia Britannica*, I, p. 831.

[138] V. *Lives of S Ninian and S. Kentigern*, p. 370.

[139] *Dominica apparitio*, c'est la manifestation de Notre-Seigneur aux gentils, c'est-à-dire l'Epiphanie. Il n'est nullement question du dimanche, qui ne se dirait pas *dies dominicœ*, même pas *dies dominica*, mais *dies dominicus*, puisque Jocelin fait ici *dies* masculin, *dies octavus*.

[140] Dans les *Four ancient Books of Wales* (I, p. 176, note) M. Skene dit que la légende de saint Baldred, contenue dans le bréviaire d'Aberdeen, met la mort de saint Kentigern un dimanche 13 janvier (« *on Sunday* the 13th January 603 »). C'est une erreur. Les Bollandistes ont publié cette légende au 6 mars (*Martii* I, p. 448 et 450) ; elle dit que saint Kentigern mourut « *anno DIII (!), Idibus Januarii*», mais sans mentionner le jour de la semaine. Elle est d'ailleurs sans autorité dans cette question.

du jour de la semaine. Donc en réalité nulle objection contre la date de 612, donnée par les *Annales de Cambrie* : il faut s'y tenir.

Merlin lui aussi, serait mort en 612, si l'on en croit une *Vie de S. Kentigern*, autre que celle de Jocelin et peut-être plus ancienne, dont on n'a plus que des fragments. Au XVe siècle, Walter Bowar, continuateur et interpolateur des *Chronica gentis Scotorum* de Jean de Fordun[141], recueillit dans son *Scotichronicon* un de ces fragments, qui raconte le dernier jour de Merlin en insinuant que sa mort et celle de saint Kentigern sont de la même année.

Suivant ce récit, Merlin, devenu fou vers la fin de sa vie, vivait en sauvage, tout nu mais couvert de poil, dans la compagnie des fauves de la forêt de Kelydon. Saint Kentigern, allant chercher la solitude dans ces bois, vit tout à coup à travers les arbres surgir une forme hirsute que sa ressemblance avec l'homme rendait effrayante. S'adressant à cet être, il s'écria :

— Je t'adjure, qui que tu puisses être, créature de Dieu, par le Père, le Fils et le Saint-Esprit, si tu es de la part de Dieu, si tu crois en Dieu, je t'adjure de me parler, de me dire qui tu es et pourquoi tu erres ainsi seule par ce désert, avec une escorte de bêtes sauvages. »

La forme étrange répondit :

— Je suis chrétien bien qu'indigne d'un si grand nom ; je m'appelle Merlin ; je souffre ici un sort cruel au milieu des animaux, car mes péchés sont trop grands pour pouvoir être expiés parmi les hommes[142].

L'entretien se poursuit de telle sorte que l'évêque ému de pitié dépose la sainte hostie sur un autel de feuillage, pour que le vieux barde s'en puisse nourrir.

Cette scène si originale, si touchante, a été supérieurement rendue par M. de la Villemarqué dans son livre sur *Merlin*, et c'est là qu'il faut la lire. Nous l'avons rappelée seulement pour montrer que le prétendu paganisme de notre barde va de pair avec celui de son patron le roi Gwendoleu. Si les fictions pseudo-historiques des XIIe et XIIIe siècles dont nous parlions plus haut ont fait parfois de Merlin un rebelle à l'Evangile, la vraie tradition populaire gardait de lui, on le

---

[141] Ne pas confondre l'œuvre personnelle de Jean de Fordun, *Chronica gentis Scotorum*, (éditée par Gale, Hearne, et tout récemment par M. Skene), avec le *Scotichronicon* trois fois plus long, comprenant les interpolations et continuations de Bowar, et dont il n'y a jusqu'ici qu'une édition donnée par Walter Goodall en 1759, Edimbourg, 2 vol. in-folio.

[142] « Ego sum christianus, licet tanti nominis reus, Merlinus vocaliques, in hac solitudine dira patiens fata, quæ pro peccatis meis mihi sunt cum feris prædestinata, quoniam non sum dignus inter homines mea punire peccamina. » *Scotichronicon*, édit. Goodall, lib. III, cap. XXXI, t. I, p. 136.

voit, une image bien différente. Dès qu'on demande au vieux barde: «Qui es-tu?» son premier mot est: «Je suis chrétien.»

Quant à fixer l'époque où il vécut, on le peut dans une certaine mesure, mais non sans hésitation. Lorsqu'il écrivit les *Afallenau*, plusieurs années après Arderyd, probablement vers 580, Merlin devait être encore — nous l'avons remarqué[143] — loin de la vieillesse. S'il mourut en 612, on pourrait — par approximation — placer sa naissance aux environs de l'an 540.

---

[143] Ci-dessus, § VI de la présente étude.

Table des matières